六合叢書

慢读漫笔

陈志远

eons
艺文志

上海文艺出版社
Shanghai Literature & Art Publishing House

目录

自序 001

民族视角与日本意识 009

佛典汉译史的通论性专著 016

中心与边缘：历史学视域中的东亚佛教 028

不透明的能指：圣徒传书写中的印度祖师形象 059

唐代中层文士的三教观 077

《印度佛教史》校译琐记 093

《续高僧传》点校本指瑕 101

宗教文献研究方法谈 127

六朝佛教基本史料参考目录 133

考研日忆往 164

我与东亚佛教研修班的学缘 177

却顾所来径：学习研究六朝佛教史的心路历程 183

初出一览 197

自序

是集收录了近五年来撰写的一系列书评、笔谈以及回忆性的随笔。众所周知，我在豆瓣网以“酒药女佛”的网名时常发表刻薄的短评，读者拿到此书，或许会觉得拘谨得有些乏味吧。其实这也不奇怪，在我的认知里，网络语言逞口舌之快，追求生鲜刺激，同时也是速朽的文字，落到纸面，虽然一切有为法终当坏灭，却毕竟是经过沉淀的思虑，相对经久耐磨一点。

评论、追忆所及的对象，都是给我的研究带来莫大教益的书和人。研究古代，当然要面对原典，对原典的体会越深，研究越有价值。但这种体会究竟要如何获得？是不是真的“书读百遍，其义自现”，甚至诉诸某种类似入定、附体的前现代宗教体验，还是需要借助后代研究者的洞见，找到一个切口？不同的学科、不同的研究者有各自的选择。我是历史学出身，古人说“读经贵专，读史贵杂”，历史研究总要在杂多、喧哗的史料中考辨事实，形成连贯的叙事，因此我不赞成现在某些极端的经典教育的方法，专守一经。相反，比较看重近代以来重要学术先辈的研究，往往他们和我享有相近的时代关怀。先行研究整理出来的图景在我们深入原典以后，一定会暴露出各种问题，修正这些偏差，说是学术的进步也行，说是时代推移看问题的角度不同也罢，无论怎样，我觉得回顾学术史是有必要的。不仅仅是学术规范的规定动作，而且对整个学术研究生活具有积极意义。

近年在历史学领域，流传着“中心陷落、边缘崛起”的概括[1]，所谓中心，是指中国传统史学关注的政治、制度、经济等领域的研究；所谓边缘，是指国内以往较少触及的宗教、礼制、医疗、性别等等议题。以国内历史学界的坐标来看，宗教史的崛起，或者说以史学方法研究宗教，是一个新生事物。但与礼制、医疗、性别等领域比起来，宗教史又有它的特点。在我看来，医疗、性别等议题受到关注，是欧美后现代主义思潮之产物。身体和性，连同有关它们的知识和话语，都被视为权力运作的场域。于是这些议题从边缘成为了焦点，通过它们可以透视社会结构和权力关系沉默而微妙的运作。可以说，医疗、性别史的研究对象是古代，而尝试形成连贯的历史叙事，开创学术传统大概是在 20 世纪后半。宗教史的学术传统则相对悠久，

1　此语最早的出处是仇鹿鸣《魏晋之际的政治权力与家族网络》一书 2012 年初版后记：“最近十余年来中古史研究的趋势，或许可以用‘中心衰落，边缘崛起’一语来加以涵括，即传统的政治史研究关注度渐趋下降，宗教、礼制、医疗等与新史学相涉的研究领域日益繁盛。”（上海：上海古籍出版社，2012 年，第 335 页）范兆飞《史料批评、文本解读与中古士族政治史研究——以〈魏晋之际的政治权力与家族网络〉为中心》一文开头也引用了这个判断，表述改为“中心陷落，边缘崛起”（《中国史研究》2013 年第 4 期，第 187 页）。此后多见转引，广为学界所知。

近者可追溯到19世纪涂尔干、韦伯、马克斯·穆勒等人的作品，他们奠定了宗教研究的问题意识和基本方法。具体到佛教这样具有高度史书编撰意识的宗教传统，那么汉地的僧祐、道宣、志磐，南传系统的《大史》、《岛史》的作者，藏传系统的布思端、多罗那他，历代僧史作者和经录家都在不断地反思、重构佛教的历史。这些作品既是研究所取资的重要史料，又蕴含着深刻的史观。我们必须面对层层叠叠的史家撰述，不断推敲考辨，打碎他们的叙事，将立场与史实剥离开来，建立我们新的理解，既理解史实，也同情地理解古人的立意。这也是人文学科的乐趣所在吧。

相比于印、藏佛教，早期汉传佛教的研究传统不算特别丰厚。概言之，这一领域研究是在印度佛教的平行线、日本宗派佛教的反向延长线和汉学的基准面上展开的。成为不同国别、不同学术传统的观察对象，是佛教史区别于其他"边缘"史学议题的另一个特点。全面梳理学术史是未来计划中的工作，在此只想谈谈所谓"国际视野"。我觉得学术是可以逐代积累的，这种线性上升的史观可能会受到后现代主义的批评，但我仍然这样坚持，这是我对学术的根本信念，否则不成了沙上写字，水上划痕么？

只要承认这一点，回顾前人的工作，欧美、日本的学术成果就是不可绕过的。基本上所有中古时期的重要作品，如《高僧传》、《弘明集》、《原人论》、《笑道论》、《历代法宝记》，详细的译注本日文有、英文也有，唯独中文没有。国内的整理本，除了季羡林先生领衔的《大唐西域记》校注等寥寥数种以外，能与海外同类成果媲美者极少。更不用说大量的解题书、目录索引、百科辞典，以论文、专著形式发表的基础研究。这一方面与国内的学术制度有关。由于研究者多数能读一手材料，整理本又不计入学术业绩，因此国内学界不重视将研究成果落实到译注本和工具书中。另一方面，也与整个人文学科的兴趣和关怀有关。宗教向来不是中国传统史学的关注点，经过特殊时期，学术传承更趋衰微。而在欧美，基督教一直都是理解欧洲中世纪以降历史的关键；在日本，以宗派形式存在的佛教也一直都是不可忽视的社会力量。他们关心中国历史上的宗教问题，整理重要的宗教文本，也是自然的。

但这并不意味着我相信所有海外研究都必然优于本土，更不意味着我们应该全面移植他们的问题意识。深刻伴随着遮蔽。日本学者出于宗派意识，描述唐代和更早的六朝佛教，与中国佛教的实际面貌是有偏差的。汤用彤先生晚年撰写《论中国佛教无十宗》和《再论》，即对此而发，一度受日本强烈影响的欧美学界对此也有反思。同样，欧美学者抱持极端的后现代主义史观，将僧传类作品一概视为按照某种宗教理念书写的圣传（hagiography），抽离僧传的史实性（historicity），而仅仅强调史家的主观意志和书写格套，流弊也十分明显。和对古人的撰述一样，同情地理解先行研究的立场、关怀，而不成被其俘虏，是我追求的境界。我在书评中尝试掘发先行研究的命意所在和学术脉络，然而终因我个人理论素养有限，评说容有不当，视野容有拘狭，还请读者指正。

我本质上是个文献学者，最舒适的状态是沉浸于文本的细节，慢慢地校订、笺注。学术史上我最重视的书，也多数是那些核心文本的译注本。欲研治六朝佛教史，则当读《出三藏记集》、《高僧传》、《弘明集》，舍此别无他途！看书、校书是黯淡的事业，以之为根干，才能敷扬绚烂如花的论说。在校注中，阅读的收获和疑问都被展现出来，研究者时时查阅，认识便可稳步推进。本书所选的《三教不齐论》、《续高僧传》，未来要评介的日译《高僧传》、英译《冥祥记》，哪怕不纯是文本校订，也都是建立在文本细读上的研究。

学术书评应当有述有评，荣新江老师的教诲也是我时时温习的名篇。[1]作为学术书评的范本，我强烈推荐读者一读高峰枫老师评中译本《西方古典学术史》和曹凌兄评仓本尚德《北朝佛教造像铭研究》的两篇。[2]但由于学养的不足，许多时候我都是述多于评，不能算 critical review，而只是 introductory note。这样做也有我的考虑。对于新一辈的研究者，阅读英文、日文应该没有太大的困难。全文翻译的意义就很有限了。翻译需要考虑遣词造句诸多因素，加上出版周期，必然造成信息的滞后。如果能在书评中，将各个章节的内容，乃至使用的关键材料一一注出，就相当于一份详细的索引。读者不仅能够了解全书

1 荣新江《学术训练与学术规范》，北京：北京大学出版社，2011 年，第 214—225 页。

2 高峰枫《翻一翻西方学术的家底》，收入氏著《古典的回声》，杭州：浙江大学出版社，2012 年，第 171—185 页。曹凌《评仓本尚德〈北朝佛教造像铭研究〉》，范兆飞主编《中国中古史集刊》第四辑，北京：商务印书馆，2017 年，第 441—458 页。

的旨要，按图索骥，还能精准找到自己感兴趣的段落，便可迅速地获取学术资讯。这比泛泛概述全书内容，吹毛求疵地指出一些细节疏失更有价值。

试上高峰窥皓月，偶开天眼觑红尘，可怜身是眼中人。

静安先生这首词我很喜欢，今臆解之。学术追寻真理，因而是朝向永恒的。在这条路上，偶尔回头用超然的目光看看古往今来的追寻者，他们在滚滚红尘中有各自时空的局限，这其中也包括张望别人的自己。

我们的探寻之旅一定经过了某种特殊的路径，路径的选择有偶然性。十年前，我一个生活在21世纪中国的初学者，是通过芮沃寿《中国历史中的佛教》（中译本）和方立天先生的《魏晋南北朝佛教》这些书开始了解六朝佛教史的。这是市面易得的书。可是当我读进去，便会发现它们不是这个领域最重要的书，六朝佛教史最重要的奠基者，无过于汤用彤、塚本善隆、许理和这个三人组。后来学习印度佛教史，最近关注犍陀罗佛教，也都有类似的经历。每以晚近的综述或最热门的争议切入，寻波讨源，仍然回到那些真正的重镇。我并不后悔之前走过的路，哪怕是弯路，那些初级的读物可以被替换，但对我自有发蒙引导之功。

现在学术信息靠微信等自媒体传播，这是前所未有的局面，造成的一个弊端是大家过于关注活跃于当世的学者，特别是风神俊朗、言谈高妙的青年学者，每有新作，一时洛阳纸贵，却错失了过去一百多年里积累的真正重要的先行研究。本书收录了介绍平川彰《印度佛教史》几种译本的文字，未来也打算以学案体表彰前述汤用彤、塚本善隆、许理和，以及法国佛教学者的业绩，希望以开放稳健的态度面对学术史。

学术道路上的偶然，除了启蒙之书，还有领我入门的人。学问渐长，读物可以替换。老师的影响说是惠泽也好，符咒也罢，是伴随终生的。这就好比人总是降生在一个家庭里，从这里向外环视世界。母亲不一定是最漂亮的，父亲也不一定是最有能力的，但还是父母。老师长我法身，开我慧命，道理也是一样，都在某种程度上塑造了自我。克服自己的局限，这当然没错，无视这种特殊和偶然，也是不诚实的。章实斋云“学者不可无宗主，而必不可有门户”，现在对这话有点体会了。

我硕、博阶段的导师都是饱学之士，我也衷心敬仰他们的人生态度。但在以佛教研究作为志业后，则是船山徹和陈金华两位老师给我莫大的教益。我虽没能长期及门亲炙，但常感师恩深重，愿意把和两位老师问学的点滴回忆记录下来，以为学问之仙缘。

尼采曾说，语文学是一种慢读的艺术。[1] 此言最初从沈卫荣

1 英译本作：“It is not for nothing that one has been a philologist, perhaps one is a philologist still, that is to say, a teacher of slow reading.” Friedrich Nietzsche et al., *Daybreak: Thoughts on the Prejudices of Morality*, Cambridge University Press, 1997, p.5.

老师的书中读来[1]，当时很受触动。慢读之慢，当然不是懒惰拖延、三心二意，此处当以朱子读书格言“宽着期限，紧着课程”下一转语。本书取名《慢读漫笔》，想以这些散漫的笔记，记录一些值得慢读的书。

1　沈卫荣《我的心在哪里》，收入《回归语文学》，上海：上海古籍出版社，2019年，第335页。

民族视角与日本意识[1]

近日读到新引进的讲谈社中国史系列的魏晋南北朝卷，该社曾在1974年出版《中国の歴史》系列，此次引进的中译本是2005年的新版。这是一种由专家撰写，面向大众的普及读物，但也能反映日本学界较新的研究现状。旧版魏晋南北朝卷的执笔者是川胜义雄，新版撰写者是川本芳昭。从目录上可以判断，本书的内容编排大致延续了作者在《魏晋南北朝時代の民族問題》一书中的主要观点，只是行文更为简洁明快。我读后最突出的感觉是，作者最精彩的笔墨都用于论述民族问题，背后隐含着强烈的日本意识。

第一章简要叙述汉至西晋的历史，这一部分因与同系列的著作内容重合，所以颇为简略。

第二章前半写西晋灭亡，东晋建立，基本是叙述史实，后半讨论变乱时期内各个群体对西晋、东晋和五胡政权的态度，

1 评：川本芳昭著，余晓潮译《中华的崩溃与扩大——魏晋南北朝》，桂林：广西师范大学出版社，2014年。

比如前凉张氏在尊奉西晋，向东晋朝贡还是建号自立三者之间的选择；从五胡不能为帝，到胡族自我意识的成长；华北士大夫对南方政权态度在刘裕代晋前后的变化。作者对零星史料的勾稽，都细致入微。

第三章是把苻坚的兴灭和北魏早期的历史联系起来，是全书最精彩的一章，我甚至觉得是本书的眼目所在。他提出苻坚宠任汉族和鲜卑族，急于实现王朝的扩张，并新征服的领地获得人才、税收等资源，加强皇权，但却弱化了与氐族集团的联系，从而使各民族集团组成的“马赛克般的”国家联合体在战争失败后迅速瓦解（第84—85页）。北朝施行解散部落的政策，将部族属下的部民直属北魏皇帝，而且逐渐得到了汉族士大夫的认同。这里作者认为，崔浩的定姓族虽然基于汉族本位，但其“基本框架是以胡汉两族共通的标准确定上下关系”，因而为胡汉融合提供了契机（第99页）。

接下来作者分析太武帝与太子晃之间的冲突，提出了北魏历史上贯穿性的结构问题——太子问题。作者列举了北魏史早期的三个案例，即拓跋力微 vs 沙漠汗、道武帝 vs 清河王绍、太武帝和拓跋晃，结论很精彩，引录如下：

> 北魏早在还是北方的代国时开始，便不断吞并新的地区和国家，当时的史书将原来居住在地方的人称为“新人”，而将构成自己权力基础的人称为“旧人”，主要是鲜卑人。与前秦苻坚的情况相同，北魏帝权任用“新人”，从

而实现了自身的强化和扩大。然而，对“新人”的过多任用乃至依存于“新人”，反过来就会像苻坚所遇到的情形一样，招致“旧人”的抗拒，甚至有政权瓦解的危险。相反，如果只重用“旧人”，又与北魏国土急剧扩张、统治地区内“新人”（主要是汉族）增多的现实相背离，而且随着时间推移，这种背离日益扩大。因此，当时的政权便轮流将其重心放在“旧人”与“新人”上，可以说基本上注定了要将自身的权威放在超越胡汉对立的位置上。

而在这种冲突中，皇太子的位置微妙之处在于：

他在与皇帝对峙时，很容易就会卷入到反对帝权扩大的势力之中，但当皇太子即帝位之后，他也会走上跟先帝一样追求帝权的道路。（第 102—103 页）

关于拓跋晃之死，作者也做了新的解释。《通鉴》元嘉二十九年“六月，魏太子晃以憂卒”条，《考异》引《宋略》曰：“焘既南侵，晃淫于内，谋欲杀焘。焘知之，归而诈死，召晃迎丧。晃至，执之，罩以铁笼，捶之三百，曳于丛棘以杀焉。”作者采信这条史料，认为这才是太武帝匆匆结束南伐撤军的原因。

第四章讲述东晋宋齐的历史，基本没有越出《东晋门阀政治》的范围，其中提出的南朝货币经济的发展与货币供应量的持续紧缩问题，明显受到川胜义雄《侯景之乱与南朝货币经济》[1]的影响。

第五章讲梁、陈，作者对梁武帝的改革和学术文化着墨甚少，个人认为这是本书最大的遗憾。作者着力突出的仍是梁武帝末期到陈朝灭亡江南土豪的登场。可以说是下一章讨论江南民族问题的铺垫。

第六章讨论江南山越、蛮、獠等族的社会存在。这一章的时段不仅限于魏晋南北朝，还下及唐宋，重点描述了福建和四川两地的开发与少数族被包围、汉化的过程。我觉得比较有趣的是与《桃花源记》有关的一条史料。自陈寅恪提出《桃花源记》是六朝坞壁的写照，所谓避秦乱，乃指苻秦，而非嬴秦。尽管这一观点引起学界许多争议，但却启发历史学者注意这篇千古奇文的写实性。作者举出顾野王《舆地志》中的一则史料，将桃花源的描写与南朝少数族聚落的生存样态联系起来。知见所及，似乎还未有人指出过。

> 醮贵谷。《舆地志》云："黟县北缘岭行得醮贵谷。昔土人入山，行七日，至一斜穴，廓然周三十里，地甚平沃，中有千余家，云是秦时离乱人入此避地。又按邑图，有潜村，昔有十余家，不知何许人，避难至此。入石洞口，悉为松萝所翳，每求盐米，晨出暮潜处，今见数十家同为一

1 收入川胜义雄著，徐谷梵、李济沧译《六朝贵族制社会研究》，上海：上海古籍出版社，2007年，第253—289页。

村。”（《太平寰宇记》卷一〇四江南西道二）

第七章回到北朝，接续第三章的主题，专论孝文帝改革。作者从传达诏书的程序入手，揭示北朝前期内朝制度。作者采信文明太后是孝文帝生母的说法，分析了孝文帝的性格在改制中的作用；本书还注意到孝文帝改变北魏德运和撤换平文帝的太祖称号，改封道武帝为太祖之事，这两点也是近年来学界关注的热点话题。

第八章叙述六镇起兵到北周统一华北的过程，这可以视作孝文帝改制引发的一系列后果，也是隋唐帝国的基盘。孝文帝改革拉开了鲜卑部族内部的差距，陈寅恪对六镇起兵的这一解释颠扑不破。我觉得比较有新意的是作者对北周采取《周礼》的解释。作者指出在景穆皇帝拓跋晃时期，就已经注意到《周礼》，孝文帝的均田制、三长制都有《周礼》遗意。那么“西魏、北周时对周礼的执著和采用，可以说就是对孝文帝路线的继承”（253页）。作者还指出，华北的荒败以及北周国家的祭政合一，这种种相对低级的社会发展阶段反而使采用《周礼》更为现实可行，而魏晋南朝则不具有类似的条件。

第九章视角跨出中国史，转向日本和东亚的兴起。这章最精彩的部分在于对卑弥呼遣使的开始和中断年份的解释。239年首次遣使，是因为前一年即238年，割据辽东半岛的公孙氏政权被灭，中日交往的通路打通。266年后遣使中断，413年恢复遣使，这之间“谜一般的四世纪”，部分是由于史料的缺乏，更重要的原因则在于八王之乱以后，西晋统一政权的解体，中原王朝主导的东亚世界秩序的剧烈变化。413年遣使的恢复，则与刘裕410年平灭南燕，控制山东半岛密切相关，因为当时中日交往的主要来往路线是渡过对马海峡，从朝鲜半岛利用季风横渡黄海，到达山东半岛。同时，作者强调，在倭国内部，出现了以自我为中心的“天下”观和“中华意识”。

第十章进一步论证模仿中国的“天下”观和“中华意识”并非日本独有，而是东亚世界的普遍现象，这里列举了高句丽和百济的例子。作者的敏锐之处在于把中华意识的崛起追溯到五胡政权那里，南燕视刘宋为蛮夷，北魏也在洛阳城建四夷馆，都显示出以“中华意识”的成长。接下来作者从人物和典籍的移动出发，追踪了“中华意识”由北方胡族国家向东亚周边传播的轨迹。最后，作者还构画出以南朝为中心的世界体制逐步崩溃的图景——北魏拿下山东半岛，立即扭转了东夷诸国与南朝的朝贡关系；西魏占领四川地区，南朝与柔然、吐谷浑的关系随即切断，结果是“此前与南朝联合行动或处于其势力影响下的柔然、吐谷浑、云南爨蛮、高句丽、百济等势力，到了唐代都相继灭亡了。另一方面，在上述势力背后不断积蓄力量的突厥、吐蕃、南诏、渤海、新罗、日本等逐渐崛起”（第318页）。

本书最后说：

换言之，五胡、北朝、隋唐与古代日本可以说是具有以下共同侧面的国家群：它们都是以秦汉帝国为母胎，以

> 接受其册封的形式在魏晋南朝的体系中成长，并在突破这一体系的过程中逐渐崛起。（第319页）

整本书的叙述从胡汉对立的问题开始，以苻坚之败、北魏之兴为转折点，以超越胡汉壁垒的帝国之建立作为此期最重大的主题，关键的概念是胡族国家模仿正统王朝构建的“中华意识”，以此向外扩张，影响及于东亚世界，最后的结穴仍是日本。

佛典汉译史的通论性专著[1]

本书是有关佛典汉译史的通论性专著，由日本京都大学人文科学研究所船山徹教授撰写。船山先生的研究领域很广，是当今国际佛教学界少数几位“有能力同时从事印度与汉传佛教研究的学者”之一。[2]在印度佛学领域，他主要关注8世纪以后的佛教认识论和论理学，特别是给予西藏佛教很大影响的莲花戒（Kamalaśīla）的思想；在汉传佛教领域，他的研究大多集中在5—6世纪，从王朝史的划分来说，大致相当于南朝时期，而从翻译史的角度看，则大致是鸠摩罗什来华以后，到玄奘登场之前。这一时期伴随着印度僧人来华，以及汉地僧人西行求法，中印的典籍、文化交往极为频繁，船山先生由此观察佛典翻译、

1　评：船山徹《仏典はどう漢訳されたのか——スートラが経典になるとき》，东京：岩波書店，2013年。

2　这一评价来自沈卫荣先生，沈先生认为，“现今国际佛学界内，有能力同时从事印度与汉传佛教研究的新一代学者凤毛麟角，知名的仅有日本学者辛嶋静志、船山徹，美国学者Jan Nattier，意大利学者Stephano Zacchetti等”。参见《汉藏佛学比较研究刍议》，《历史研究》2009年第1期，第54页注2。

研习的体制，汉地戒律的受容，佛教实践的形态等方面，对早期佛典翻译史，菩萨戒运动的展开，《梵网经》的成立，真谛三藏的生平与著作，地论宗与南朝教理学的关系等问题都有精湛的研究。

本书的写作是基于作者多年研究的心得，目的是向一般知识人介绍佛典汉译史的文化特征。全书目录如下：

序言——东亚世界中的佛典

第一章　走进汉译的世界——从印度到中国

第二章　从事翻译的人们——译经简史

第三章　译作是这样完成的——汉译作成的具体方法与分工

第四章　外国僧人的语言能力与鸠摩罗什、玄奘的翻译论

第五章　伪作经典的出现

第六章　翻译与伪作之间——编辑经典

第七章　汉译给中国语言带来了什么

第八章　根源性因而不可译的部分

第九章　佛典汉译史的意义

参考文献

年表

结语

索引

全书以两种视角展开，前八章在东亚思想、文化史的全局下观察佛教，进而把握佛典翻译史的定位；最后一章在翻译研究的背景中，思考佛典汉译的特色，与西方经典的翻译理论形成对话和补充。

第一章首先介绍了作为佛典原语的各种印度语（Indic languages）如梵语（Sanskrit）、俗语（Prakrit）、犍陀罗语（Gāndhārī）、混合梵语（Buddhist Hybrid Sanskrit）等语种的语言学特征，并回顾了近年佛典汉译语汇研究的代表性成果。然而作者指出，以汉译语和原语比勘为中心的语汇研究固然在佛典汉译研究中占据重要的地位，好比一座城池的"本丸"[1]，但正如城市还有其他的建筑、街道、城墙，语汇研究也不是佛典汉译研究的全体。本书的特色在于，重视语汇研究，而不囿于此，同时也关注文化史、思想史上的其他关联事项（第 10 页）。这一特色贯穿于全书始终，在本章的结尾，作者提示了进入佛典汉译研究的几种佛经以外的资料，即大藏经、僧传、目录。特别值得一提的是，2010 年前后，作者与日本中古思想史研究的前辈吉川忠夫先生合作，首次将慧皎《高僧传》全部译为现代日语，并加以注释。注释涉及佛教义理、地理信息、文献目录诸多方面，是《高僧传》一书最好的整理本。[2] 本书接下来两章的考察别开生面，很大程度上就得益于作者对僧传史料的精细解读。

第二章按照时代顺序，介绍了历代重要的翻译家和主要译

1 本丸（ほんまる）是日语词，指一个城池里最核心的据点。

2 吉川忠夫、船山徹訳《高僧伝》（4 冊），东京：岩波書店，2009 年。

作。关于最早的汉译佛典，作者赞同冈部和雄的观点，认为今本《四十二章经》与求那跋陀罗译《杂阿含经》、陶弘景《真诰》有文字上的重合，大致可以确定是5世纪以后成立的。今仍以汉末安世高、支娄迦谶的译作为最早比较妥当。在论及真谛三藏的译经事业时，作者指出，真谛译经有两个突出特点，一是并未受到国家的赞助，供养者主要是地方官吏，地点辗转播迁，时常变化；二是真谛在翻译的同时，还亲自撰述了经典的注疏，这些作品有三十多种，散见于隋唐章疏。最有趣的是，作者指出佛典汉译史上存在两个断档期，前者发生在5世纪后半至6世纪初，处在分裂状态的南北朝都出现了译经衰绝的现象；后者发生在中唐般若三藏以后直至宋初，赞宁《大宋僧史略》云："洎唐元和年中，翻《本生心地观经》，之后百六十载，寂尔无闻。"[1] 这种间歇性的停滞似乎与政治史的事件如安史之乱、会昌毁佛无关，其原因还值得进一步探讨。

第三章[2] 讨论佛典汉译过程中的方法和分工。古代的译场与现代的翻译活动最大的不同在于古代的翻译是集体合作完成的。更具体地说，六朝和隋唐以降译场的规模和组织形式也有差别。最重要的差异点即在于，前者有听众，翻译同时讲说。而后者基本是专家组成的翻译团队封闭作业。作者首先详细解

1　富世平《大宋僧史略校注》卷一，北京：中华书局，2015年，第61页。

2　第二、三两章内容的讨论，参见船山徹《漢語仏典——その初期の成立状況をめぐって》，京都大学人文科学研究所附属漢字情報研究センター編《京大人文研漢籍セミナー 1——汉籍はおもしろい》，东京：研文出版，2008年，第72—118页。同氏《仏典漢訳史要略》，《新アジア仏教史06》，东京：佼成出版社，2011年，第234—277页。

读了《佛祖统纪》卷四三所记北宋太平兴国七年（982）天息灾译场的译经程序，以翻译《般若心经》“照见五蕴皆空，度一切苦厄”一句为例，分析了每一个作业环节的具体职掌。[1]随后上溯至六朝时代，考察了早期译场法会的仪式性特征。本章最后一部分，讨论了译者翻译过程中对译文做的增省等改动，还特别指出袭用旧有译文的现象。例如，佛陀跋陀罗所译《华严经·十地品》开头便转用了鸠摩罗什译《十住经》的文字。

第四章分为两部分，前半通过僧传的记载，展现了译经僧人高下悬殊的汉语水平。由此可见，在集团作业体制下，翻译很多时候是依靠通晓梵文的汉地人士完成的，著名的人物有与鸠摩罗什同时、出身于凉州的竺佛念以及刘宋时期的僧人宝云。后半介绍了几位著名译师的翻译理论，比如鸠摩罗什偏好音译的翻译特色，彦琮的“八备说”，玄奘对旧译的批评以及“五不翻”理论，道安的“五失本、三不易”说。道安的翻译学说，向称难解。作者指出，“五失本”的含义是翻译中由于梵（胡）、汉文体不同，必须做出的改变，“三不易”的含义传统讲法乃至现代的中国学者或解作“不容易”之意，但本书跟从横超慧日的解读，认为是“不改易”的意思。

第五章从翻译作品引向其对立面，即伪经。首先需要指出，在印度佛教语境里，有世尊时代以来传承有序的阿含经典和较晚成立的大乘经典两大群体，后者严格意义上也不能视为历史

1 《佛祖统纪》的这段记载，亦见徐松《宋会要辑稿》第 200 册“道释二六”。

人物佛陀所授的真经。但在汉传佛教语境里，只要是忠实翻译过来的，都认为是释迦金口所说。作者给出伪经的定义是“并非由梵语等外国语翻译而来，而是最初用汉语制作，并且采取与翻译经典类似体裁的经典”（第123页），典型的例子是含有中国五行思想的《提谓波利经》，以及明确提到老子、孔子的《清净法行经》。作者随后考察了造作伪经的动机，由内证、外证判别伪经的方法，对造伪者的上报与处置等方面。特别是根据作者个人的研究，分析了伪经《梵网经》成立与《菩萨璎珞本业经》、《仁王般若经》等其他伪经的关系，以及由《十诵律》的口头讲义演化而成的伪经《目连问戒律中五百轻重事》。

第六章[1]讨论了一类特殊的文本形态，即编辑经典。作者罗列了七类编辑本文的形态，即：（1）抄经，如萧子良的抄经；（2）不同译者的译本合成的经典，如《合部金光明经》；（3）项目罗列型的经典，如法数、佛名经典；（4）譬喻、因缘谭集，如《譬喻经》；（5）实践手册类，如鸠摩罗什译《禅法要解》等禅观经典；（6）传记，如《付法藏因缘传》、《马鸣菩萨传》。落合俊典考察日本古写经的调查后指出，《马鸣菩萨传》有刻本和写本两个系统，《大藏经》里收录的属于唐—北宋年间改编的刻本系统，而更早的七寺本和其他日本古写经保存的写本系统也不是严格的翻译，而可能是僧叡根据罗什的教学整理编纂而成[2]；

1　第五、六两章内容的讨论，参见船山徹《六朝仏典の翻訳と編輯に見る中国化の問題》，《東方學報》80（2007），第1—18頁。

2　落合俊典《二種の馬鳴菩薩伝——その成立と流伝》，牧田諦亮監、落合俊典編《七寺古逸経典研究叢書 第五卷》，東京：大東出版社，2000年，第619—646頁。

（7）其他在中国编辑的教理学书，如罗什译《大智度论》、玄奘撰《成唯识论》。通过对这些文本的考察，作者提出了他对汉译佛典的三分法（第 172 页），即：

（1）汉译经典（Chinese Buddhist Translation, CBT）

（2）编辑经典（Chinese Buddhist Compilation Scriptures, CBCS）

（3）伪作经典（Chinese Buddhist Apocrypha, CBA）

这种分类在翻译和伪经之间划分出一个宽阔的中间地带。如果说疑伪经研究在于解明中国佛教的实态，那么编辑经典的研究则可以帮助我们认识中国佛教的学术和仪礼（第 176 页）。因而笔者个人认为，这是一个颇有解释力的认知框架。

第七、八两章可以说是由一些语言学的小札记构成，然而在主题上又互相关联。第七章[1]讨论佛典汉译给汉语带来的新变化，包括词汇、语音、文体风格各个层面。这里介绍笔者认为最有意思的两条。关于“魔”字，湛然的《止观辅行传弘决》卷 5 云：“古译经论，魔字从石，自梁武来，谓魔能恼人，字宜从鬼。”[2]《康熙字典》沿袭此说。对于梁以前汉译作品中也出现过“魔”字的事实，宇井伯寿认为此乃后人追改。作者根据敦煌遗书 S.4367《道行般若经》卷九、P.3006 支谦译《维摩诘经》注这两件早期的写本指出，“魔”字的写法在梁武帝以前就已流行。

1　第七章内容的讨论，参见船山徹《漢字文化に与えたインド系文字の影響——隋唐以前を中心に》，冨谷至编《漢字の中国文化》，京都：昭和堂，2009 年，第 77—113 页。

2　湛然《止觀辅行传弘决》卷五，T46, no. 1912, p. 284, a13-14。

此外，作者特别重视梁代宝唱所撰音义书《翻梵语》，并指出此书卷三“迦絺那衣法”是转抄稍早前成立的《出要律仪》的相关部分。

罗阅城　声论者云：正外国音应云“何罗阇那伽逻”。“阿罗阇那”翻为王，“伽逻”翻为城，谓王城。[1]

作者首先对这段文字做了校订。“何罗阇那伽逻”和后文的“阿罗阇那”，“何”与“阿”应统一为“何”。断句也应稍作调整——“阿罗阇”（rāja，王）翻为王，“那伽逻”（nagara，街）翻为城。这里有趣的是汉译者处理音写词的微妙差异时做出的努力，即用“何罗”和“逻”分别对应 rāja 中的长音 rā 和 nagara 中的短音 ra。这种处理方式在古代的佛教音义书中还有其他例证，而《出要律仪》的这个例子说明此法在 6 世纪已经出现，因而对考察古代佛经音义的成立史具有重要意义。

第八章[2]讨论由于文化差异，汉语中不存在对应词汇时的翻译方法，进而探讨了翻译的界限。大体来说，对于没有对应词的情况，有三种处理办法。一是保留音译，二是在目的语（target language）中利用旧有词汇创造新词，比如缘起、轮回等等，这两种情况在前面几章都讨论过了。第三种方法是在承

1　宝唱《翻梵語》卷三，T54, no. 2130, p. 1006, a22-24。

2　第八章内容的讨论，参见船山徹《文化接触としての仏典漢訳——「格義」と「聖」の序論的考察》，田中雅一、船山徹共编《コンタクトゾーンの人文学 I》，東京：晃洋書房，2012 年，第 10—28。

认可能产生的文化误解前提下，尽量在目的语中寻找对应词。这是本章讨论的重点。作者列举了“nirvāṇa= 无为”，“nāga= 龙”，“bodhi= 道”等等抽象或具体的事物，分析了二者之间的细微差别和翻译的得失。本章的后半用了较长的篇幅讨论了作为“文化对应型译语”的“圣”字含义的变迁。这个问题的复杂在于，佛教传入以前，“圣”字的观念已经在儒教与道教之间发生了分化，佛教传入以后，作为梵文 ārya 译语的“圣”又兼具了印度语境中“高贵的”相关的意涵，到了天主教、基督教传入中国之时，具备二重语义的“圣”字又用于翻译诸如 sainthood, holy 等词语，因而发生了三重的文化叠加。“圣”字的文化史充分展现出翻译这一跨语际实践的复杂机制。

第九章回顾了前面各章的主要内容，对佛典汉译这场历时千余年的翻译活动做了通贯性的反思。包括以下五点：

（1）汉译事业的兴盛与停滞，不仅标示着印度本土佛教的运动，同时也反映在汉地佛教的变动之中。作者指出，4—5 世纪之交戒律的集中译传，从现有资料看，不是印度戒律文献原典激增导致的，而更多地是汉地佛教僧团的一种迫切需要。此外，前文第二章指出的 5 世纪后半和 9—10 世纪汉译的停滞，也并不意味着佛教的中衰。在齐梁时代，我们看到佛教书籍的大量编纂，在中晚唐则出现了倡导“不立文字”的禅宗。佛典汉译与佛教整体的变动之间的微妙关系，尚有许多环节亟待研究。

（2）经典编纂的特征，有两个相反的方向：由于中国人喜好简洁，因而有简略化的倾向；同时，也有类似印度佛教的佛典增广过程。但这种增广不是以合成《大般若经》六百卷那样的方式，而是大型佛教类书的编纂。

（3）与欧洲翻译理论的比较：由第三章所引《佛祖统纪》的记载可知，佛典汉译的过程是先将文本逐字译出，再调整顺序。这种以词语为单位的翻译方式（word for word translation）不同于现代通行的以语句为单位翻译（sentence for sentence translation）。关于"逐字翻译"与"语句翻译"的优劣，是欧洲翻译史上的重大争论。作为古典文学拉丁语翻译代表的西塞罗在《论最优秀的演说家》（*De optimo genere oratorum*）中明确否定了逐字翻译，史称"西塞罗的严命"。在基督教传统中，关于《七十子圣经》的传说似乎肯定了逐字翻译，但圣杰罗姆（St. Jerome）批评了这种倾向。此后一千年欧洲翻译中，一直维持着对逐字翻译的排斥态度，直到马丁·路德翻译德语《圣经》，仍可见其影响。作者认为，东西方这种差异的原因在于：第一，佛典汉译的基本单位是词语，而逐字翻译之后，还有缀文、润文等环节做进一步修饰；第二，佛典汉译中关于文、质的区分类似欧洲翻译史上的逐字和语句之分，但这一分别并没有为鸠摩罗什、玄奘等翻译大家继承，汉译传统追求的理想是"文质彬彬"的风格。

（4）汉译可能产生的误解，这里作者强调的是由于汉语自身的不完善，导致读者在阅读汉译作品时的困难。

（5）文化对应型译语与动态等价。第八章讨论"圣"的文化史，作为文化对应型的译语，可以和 Eugene A. Nida 提出的

“动态等价”（dynamic equivalence）概念相类比。[1]

由于笔者尚未掌握梵语等印度语言，自然无法全面检讨或复述船山先生的研究。仅从历史学者的角度对佛典汉译史的研究提出两点展望。第一，作者在第一章僧传、目录对研究佛典汉译的重要意义，笔者非常赞同，此处还想指出，目录与传记之间常常相互扶翼，例如《高僧传》的叙事许多根据《出三藏记集》所收录的经序，《续高僧传》的译经门几乎全抄《历代三宝纪》代录部分。对史料进行史源学的考察，能够进一步澄清翻译史上的一些问题。第二，作者在第五章结尾附录中论及西域作为疑伪经成立地的复杂样貌。在讨论西域佛教对汉地影响的同时，似也应该考虑双向汇流的现象。西域既是印度佛教东传的中转站，有时也是汉传佛教的回流地。这种回传在多大程度上可能发生？这就需要从历史学的视角把握西域各地区、各时代与汉地文化的关系。

蒙作者厚意，去年年初得到赠书，书中亲自更定了一些文字讹误，如下：

第 viii 页第 3 行：造語である「宗教」，改为：造語としての「宗教」

第 123 页倒数第 2 行，旧訳聖書の聖典，改为：旧約聖書の聖典

1 Eugene A. Nida, *Toward a Science of Translating: With Special Reference to Principles and Procedures Involved in Bible Translating*, Adler's Foreign Books Inc, 1964.

第 196 页第 5 行、倒数第 4 行:《觀無量寿经》，改为:《無量寿经》

总之，佛典汉译史的研究还有许多待开拓的方向，需要多学科多角度合作展开，而此书则是这一领域难得的概说书。故不揣谫陋，推介如上。

附注：本文注释中所引各篇论文，多已收入船山先生的新著《六朝隋唐仏教展開史》（京都：法藏馆，2019 年），请一并参照。

中心与边缘：历史学视域中的东亚佛教[1]

本书（以下简称《交流》）是加拿大英属哥伦比亚大学（British Columbia University）陈金华教授的一本论文集，原文以英文发表，现译为中文。

陈老师在 McMaster University 取得博士学位，师从篠原亨一（Shinohara Koichi）、Phyllis Granoff、Robert Sharf 等佛教史大家，期间两度留学日本，其学术受到在京都工作的意大利东方学家富安敦（Antonino Forte）的影响。他的研究领域涉及中国中古佛教、日本中世佛教、政教关系，几种专著所讨论的话题事实上涵盖隋唐时期的所有宗派。本书是专著之外的散篇论文结集，有的是书中结语（如第 7 篇），也有的后来扩充为专著（如第 9 篇），但大体来说是单篇论文，讨论的话题大致以时代先后为序。

1.《东亚佛教中的“边地情结”》是全书中视野最恢廓，最

1 评：陈金华著，杨增等译《佛教与中外交流》，上海：中西书局，2016 年。

具思辨性的讨论，某种程度上是理解作者个案研究的一把钥匙。以中心与边缘的关系为切入点，观察中印文化交往的心态和自我塑造的技术手段，学界之前已经积累了一些成果。[1]作者的讨论从佛典如《根本说一切有部毗奈耶皮革事》所描述的“中国”（madhyadeśa）地理范围谈起，指出生于边地是修习佛法的“八难”之一，接下来着重分析了道宣《释迦方志》中以印度为中国，唐土为边地的论证，并引述法显的同行者道整和玄奘亲履天竺的见闻感受，呈现早期汉地僧人对于印度佛教的自卑感。文章最有价值的部分是揭示 7 世纪以后中印优势的逆转，以及这种逆转在唐朝与日、韩诸国关系中的连环反映。

汉地僧人克服“边地情结”的一个著名事例是天台祖师湛然在五台山遇到不空的门人含光，印度僧人向含光询问，“大唐有天台教迹，最堪简邪正，晓偏圆”，是否可以翻译带回天竺？这一传说广为流行，但据作者考证，这个故事是天台僧人伪造的。[2]故事的逻辑正是所谓“礼失求诸野”，体现了边地崛起以后对文化使命的担当。

为了进一步论证这一主题，作者考察五台山圣地的创建和祖谱建构两种现象。通过营造山西五台山文殊道场，唐代僧人

1 参见《交流》第 3 页注 1。案：周伯戡的论文后题为《从边国到中土：佛教中心由印度到中国转移的一种解释》（刘学军译），收入沈丹森主编《中印关系研究的视野与前景》，上海：复旦大学出版社，2016 年，第 43—64 页。同书还收录宁梵夫（Max Deeg）《重估“边地情结”：汉传佛教中对印度的逐渐容受》（纪赟译），第 65—77 页。

2 参见 Chen Jinhua, *Making and Remaking History: A Study of Tiantai Sectarian Historiography*, Tokyo: The International Institute for Buddhist Studies, 1999。

实现了佛教中心的转移。但这还只是圣地创建运动的第一环节，此后辽朝在其境内建立小五台，日本和朝鲜半岛也如法炮制。

与此类似，祖谱建构也是克服“边地情结”的另一措施。日本僧人相比中国僧人更热衷法系的建构，作者认为这与日本处于边地的边地这一情境有关。特别是日本台密的创建，还要面对最澄密教传承仅限于中国沿海地区的责难（详参本书第10篇）。不应认为韩国、日本的佛教只是中国佛教被动的接受者，他们也在相当程度上影响着中国佛教。作者指出，道邃在天台谱系中的崇高地位与最澄在日本创教有关，同样惠果成为不空的继承者，也与空海的声名有关。这里又引出一种更为激进的谱系建构模式，即祖师转生说。惠果告诉空海，来世愿意转生日本，做空海的入室弟子。更早的事例是圣德太子为南岳慧思转生说。

作者最后提出，“中心与边缘”这一视角，也可以为观察本国内部佛教中心的移动提供解释框架，比如禅宗南北宗的兴替。

我个人认为，作者的这一视角似乎受到日本学者的影响，很容易让人想起内藤湖南的“文化中心移动说”，甚至在江户时代有关“华夷变态”的讨论中找到思想的渊源。难能之处在于作者的观察建基于扎实的佛教史个案考证，从而把民族主义的话题推展到文化间、佛教宗派间的竞争关系。

2.《昙无谶入姑臧系年新考》的核心论点是考证昙无谶抵达姑臧的时间在公元420年。全面考察相关史源，重要的记载不过四种：

【1】道朗经序：记载昙无谶在沮渠蒙逊“开定西夏”之后不久到达姑臧。

【2】无名经序：记载昙无谶在沮渠蒙逊“西定敦煌”（420—421）之后不久到达姑臧。

【3】《出三藏记集》：卷二译经目录小注表明，第一部经的译出时间是417年。卷一四本传记载昙无谶到姑臧学汉语三年，然后开始译经。

【4】《高僧传》：卷二本传云，玄始三年（414）始译《涅槃经》，玄始十年（421）完成。在姑臧学语三年，所以到达姑臧的时间是玄始元年（412）。

不难看出，【1】道朗经序“开定西夏”一语含义模糊，【2】无名经序和【3】《出三藏记集》的记载则存在明显矛盾。但是二者又都存在重大疑点，【2】的疑点在于没有作者，且与众多后出史料相左，【3】的疑点在于小注除了《大般涅槃经》于“玄始十年十月二十三日译出”一条以外，其余诸条仅见于宋元明诸本，而不见于较早的高丽本和日本古抄七寺本。解决这一问题必须在【2】【3】两条史料中剔除其一，并对“开定西夏”一语做出解释。由此产生了两种学说：

412年说（以布施浩岳、镰田茂雄、船山徹、山部能宜为代表）：否定【2】的真实性，而将【1】中“开定西夏”一语，解释为沮渠蒙逊攻克南凉秃发氏，时在412年。这样的话，《出三藏记集》小注所载的译经时间与《高僧传》中翻译《涅槃经》的经过便可调和。

420 年说（以汤用彤、冯承钧、塚本善隆为代表）：否定【3】中小注的真实性。理由除了前面提到的，小注不见于早期版本，汤用彤还指出，《优婆塞戒经》条小注云译出于玄始六年（417）四月十日，与《祐录》卷九《优婆塞戒经记》所言玄始十五年（426）明显不合。相应地，他们将【1】中“开定西夏”一语，解释为沮渠蒙逊攻克敦煌，时在 420—421 年。

作者的立场意在补强后说的结论，主要贡献在于澄清以下几点：

第一，关于道朗经序“开定西夏”的所指。通过检索同一时期僧俗史料的用例，可以确定“西夏”在该语境中的所指是整个凉州，这也和无名经序所言“西定敦煌”吻合。梳理沮渠蒙逊建立政权的历史可知，沮渠蒙逊在刘宋永初元年（420）七八月间第一次占领敦煌，此后由于李恂叛乱，一度失守，次年，亦即北凉玄始十年（421）三月，蒙逊再度占领敦煌。考虑到道朗经序记载昙无谶此前已在敦煌驻留了数年，作者推测昙无谶见到沮渠蒙逊并往姑臧是第一次军事行动中，即公元 420 年。

第二，关于“译出”一语的理解。前文提到，《出三藏记集》卷二的译经目录下小注，多数不见于较早的高丽本和日本古抄七寺本。唯一的例外是《大般涅槃经》于“玄始十年十月二十三日译出”。作者对“译出”一语做了全新的解释，认为这是指开始翻译的日期，而非翻译完成的日期。这一点可以由道朗经序所证实，而《高僧传》恰恰在此误解了僧祐的原意，将之作为《涅槃经》翻译的完成时间。

第三，关于“学语三年”的理解。《祐录》和《高僧传》都提到昙无谶到姑臧“学语三年”一事。而根据上面两条的推测，昙无谶420年到姑臧，421年开始翻译《涅槃经》，只有一年时间。作者主张不应将“三年之语”理解得过实，并且指出昙无谶在敦煌时已经开始翻译佛经[1]，因此学汉语三年并不必要。

第四，关于《涅槃经》本的来源。如果证明佚名作者的经序真实性成立，则经本不是昙无谶一次带来的，而是来自不同时间，不同地点的许多源头。这一点对《涅槃经》本身的研究意义十分重大。

3.《早期佛典翻译程序管窥》全文60多页，是本书篇幅最长，读来也最为机械的文章。其实文章的核心观点在于补充上篇文章提出的“出”为翻译之始的观点。为了证成此说，作者做了大量的资料排比，这些考证的成果应当成为使用《出三藏记集》乃至利用佛教目录书的基本参考。

作者讨论的方法是以《出三藏记集》所收的经序与目录下小注的记载相对照，从而归纳出三种类型：

A. 小注中的翻译日期不能被经序所验证者：33条，其中有半数（16条）是竺法护译经，附录于文末。

B.1 小注中有翻译的起止日期，经序中也有起止日期可以验证：11条。9条可以证实，小注中的“出”字是翻译起始的时间。

---

1 苏晋仁、萧炼子点校《出三藏记集》卷二：“《菩萨戒本》一卷。”小注：“《别录》云：燉煌出。”北京：中华书局，1995年，第53页。

其中有两条【B.1.5】《新大品经》[1]和【B.1.6】《新小品经》[2]可以认为是文字舛讹所致。需要解释的例外有2条：

【B.1.9】《阿毗昙毗婆沙》，小注云："丁丑岁（437）四月出，己卯岁（439）七月讫"，经序分别作"乙丑年（玄始十四年，425）四月中旬"和"丁卯年（玄始十六年，427）七月上旬"。作者认为，沮渠蒙逊在433年过世，小注记载的日期绝不可能。又考虑到"乙"、"己"形近，而"丁丑"、"丁卯"都有"丁"字，因此推断此是"后人篡改的结果"。

【B.1.10】《杂阿毗昙心》，小注云："宋元嘉十年于长干寺出，宝云传译，其年九月讫"，据经序：元嘉十一年众僧请外国三藏译出，"即以其年九月，于宋都长干寺集诸学士，法师云公译语，法师观公笔受。考校治定，周年乃讫"。按照这个理解，经文翻译的起止年代应该分别是元嘉十一年九月和元嘉十二年九月。作者认为，小注的记录是误读了《高僧传·僧伽跋摩传》的文字所致。《高僧传》云：

> 以宋元嘉十年，出自流沙，至于京邑。……即以其年九月，于长干寺招集学士，更请出焉。宝云译语，观自笔受，考核研校，一周乃讫。

1 小注云："弘始五年四月二十二日于逍遥园译出"（碛砂、明本作"二十三日"，与经序合），经序作"四月二十三日"。

2 小注云："弘始十年二月六日译出，至四月二十日讫"，经序作："四月三十日"。

这里的“一周”可以理解为整个稿本从头到尾，因此小注的作者据此录成了元嘉十年。

B.2.1 小注中只有一个日期，经序中则包含更多信息可以验证：16 条。13 条可以证实，小注中的“出”字是翻译起始的时间。

其中有两条【B.2.1.11】《大般泥洹经》[1]和【B.2.1.15】《八吉祥经》[2]可以认为是文字舛讹所致。需要解释的例外有 4 条：

【B.2.1.8】《僧伽罗刹所集经》[3]，小注云：“秦建元二十年十一月三十日出”。《出三藏记集》保存了两篇经序，前一篇作者当为道安，其中提到“余与法和对检定之，十一月三十日乃了也”。第二篇作者不详，云：“大秦建元二十年十一月三十日，罽宾比丘僧伽跋澄，于长安石羊寺口诵此经，及毗婆沙佛图罗刹翻译。秦言未精，沙门释道安、朝贤赵文业，研核理趣，每存妙尽，遂至留连，至二十一年二月九日方讫。”据此，小注的日期应当理解为稿本成功产出，而未经校订之时，是翻译的中间阶段。

【B.2.1.12】《弥沙塞律》，小注云：“以宋景平元年七月译出”。据经序，景平元年七月是佛大什到建康的日子，同年十一月才开始翻译。作者认为这条小注也是后世编辑者误读僧祐经序所致。（与此相联系的记录还有【B.2.1.13】《弥沙塞比丘戒本》、

1 小注云：“晋义熙十三年十一月一日道场寺出”，经序作“十月一日。”

2 小注云：“元嘉二十九年正月十三日于荆州译出”，经序作“正月三日”。

3 作者在小结时并未将此条计入例外的情况。

【B.2.1.14】《弥沙塞羯磨》两条，小注并云“与律同时出”）。

B.2.2 小注中只有一个日期，经序中也只有一个日期，需根据语境推测：23 条。15 条可以证实，小注中的“出”字是翻译起始的时间；3 条主要是指翻译的开始，但由于经文篇幅短小，很可能同时指翻译的结束；3 条例外。

其中仍然有一条，即【B.2.2.14】《三十七品经》[1]可以认为是文字舛讹所致。在能够支持作者观点的 15 条中，经序的表达有一个普遍的句式，即“手执胡本，口宣晋言”。作者认为这意味着翻译的开始。

明显不能支持作者观点的 3 个例外是：

【B.2.2.1】《首楞严经》，小注云“中平二年十二月八日出”，经序同，完全无法断定“出”字的含义是翻译开始还是结束。

【B.2.2.19】《长阿含经》，小注云：“秦弘始十五年出”。而经序云“十五年……出此《长阿含》讫”。

【B.2.2.2】《修行经》，小注云：“太康五年二月二十三日出”。作者在《修行道地经》高丽本末尾找到一段经序，云“以太康五年二月二十三日始讫”，可见应理解为翻译结束的日期。但考虑到此序未被《出三藏记集》收录，亦不见于宋・元・明・宫各本，作者认为此是后世编者所加。

最后，虽然对论证本文的核心观点没有影响，作者还对两个条目的文字做了考订，颇值得参考：

1 小注云：“晋太元二十年岁在丙申六月出”，经序作“太元二十一年”。

【B.2.1.1】《般若道行品经》，小注云："光和二年（179）十月八日出"。据经序：

> 光和二年十月八日，河南洛阳孟元士口授天竺菩萨竺朔佛。时传言译者月支菩萨支谶，时侍者南阳张少安、南海子碧，劝助者孙和、周提立。正光二年九月十五日，洛阳城西菩萨寺中沙门佛大写之。

正光是北魏年号，池田温认为是"正元二年（255）"之讹，作者则认为"立"字或许是"王"字之误，"光"后脱掉"和"字。再考虑到译经的过程，"二年"当作"三年"。于是经序最后一句应读作"劝助者孙和、周提、王正，光和三年九月十五日"[1]。这里的假说颇为大胆，但我个人倾向池田温的意见。

【B.2.2.22】《贤愚经》，小注云"宋元嘉二十二年出"。据僧祐亲撰经序，此经从于阗取来，在高昌结集，经本后被携至凉州，"元嘉二十二年（445）岁在乙酉，始集此经"。僧祐于天监四年（505）采访了当时参与翻译的弘宗，并云"经至中国则七十年矣"。

这里年代显有错乱，因为元嘉二十二年到天监四年是60年，不是70年。有一派学者认为天监四年当为天监十四年，另一派学者则认为元嘉二十二年当为元嘉十二年，理由是445年北

1　参见《交流》，第76页注2。

凉已经覆灭，又值太武灭佛，凉州没有翻译佛经的环境。作者首先举出敦煌本《众经别录》的记载，小注明记“元嘉廿二年出”。其次指出，444 年北魏太武帝禁止私宅蓄僧，446 年方才推行全国性废佛，因此 445 年凉州翻译佛经仍有可能。这一考证可为定谳。[1]

文章的最后，作者还对早期译场的职责分工做了分析。指出“出 / 译出”的含义可能包含口诵、口译、口诵基础上的初步翻译、译经完结等方面，“笔受”也有笔受梵、汉之别。

对如此大规模的数据进行逐一分析，作者考据之细密，学风之笃实令人惊叹而且钦佩。但也有可以商榷之处。我认为本文最大的贡献在于揭示了《出三藏记集》制作的方式，也就是说，小注的记录是基于经序，是从经序中提取年代信息。而这种提取有详有略，同时也经常有失误的情况。从使用的角度来说，自当以经序为一手史料，小注是二手。[2]但怎样理解这种失误造成的原因，作者的表述是“后世编者所加”（added by a later editor），甚至在【B.1.10】《杂阿毗昙心》的例子里提出编者误读慧皎《高僧传》而创作小注的推断。在我看来，这个问题还有另外的解释可能。《高僧传·僧祐传》：“初祐集经藏既

1　参见梁丽玲《〈贤愚经〉研究》，新北：法鼓文化，2002 年，第 27 页。《交流》，第 92—94 页。

2　笔者本人考察佛诞日推算时曾讨论过《历代三宝纪》“代录”所收经序和“帝年”的关系，结论也是后者基于前者，与作者的观点一致。参见拙文《辨常星之夜落：中古佛历推算的学术及解释技艺》，《文史》2018 年第 4 期，中华书局，第 117—138 页；《北朝佛教史料述略（上）》，《隋唐辽宋金元史论丛》第六辑，上海：上海古籍出版社，2016 年，第 232—245 页。

成，使人抄撰要事，为《三藏记》、《法苑记》、《世界记》、《释迦谱》及《弘明集》等，皆行于世。”据此可知，题名僧祐撰述的几部书绝不是僧祐独立完成的，而是助手合作的产物。况且，僧祐卒于天监十七年，而《出三藏记集》一书收录的作品最晚到了天监十四、十六年[1]，已是到了他生命的终点。僧祐总其大成的工作究竟有多么彻底，也很难说。因此，本文所列举的绝大多数例外情况，大概都可以从助手从经序中匆忙地提取年代信息，从而出现疏失这一角度去考虑，似不宜过于迷信僧祐的准确性。

4.《佛陀跋陀共慧远构佛影台事再考》的写作，起源于日本学者关于《观佛三昧海经》的造作者与那揭罗曷国（Nagarahāra）佛影窟二者关系的争论。《观佛三昧海经》是一部与石窟造像关系极为密切的经典，但由于梵本不存，其成立地有各种假说。[2]桑山正进认为经文中有关佛影窟的描述出自该经的译者佛陀跋陀，而山部能宜则指出经文的描述与玄奘等人的记录存在差异，跋陀作为那揭罗曷国本地人，出现这样的出入有些不可思议。作者细读《高僧传·佛陀跋陀罗传》开头的一段，注意到一个细节：

> 佛驮跋陀罗，此云觉贤，本姓释氏，迦维罗卫人，甘露饭王之苗裔也。祖父达摩提婆，此云法天，尝商旅于北

1 参见苏晋仁、萧炼子点校《出三藏记集》序言，第10页。

2 参见《交流》，第118页注4。

> 天竺，因而居焉。父达摩修耶利，此云法日，少亡。贤三岁孤与母居，五岁复丧母，为外氏所养。从祖鸠婆利，闻其聪敏，兼悼其孤露，乃迎还度为沙弥。至年十七，与同学数人俱以习诵为业。[1]

佛陀跋陀罗的家族本居迦维罗卫，祖父的一支因经常迁徙到北天竺那呵利城（Naheli，山部能宜考证认为即那揭罗曷）。而在其幼年父母双亡之后，所谓从祖“迎还度为沙弥”，作者认为是指他被接回了本籍迦维罗卫，因此佛陀跋陀罗本人很可能没有机会亲自瞻仰佛影窟。考虑到佛陀跋陀罗帮助慧远造立佛影台事，作者认为《观佛三昧海经》中对佛影窟的描述仍可能是跋陀本人编入，只是并非根据亲身见闻，而是传闻之辞。

5.《梁武帝内道场中的无遮大会》的讨论或许起源于作者对“内道场”问题的关心。此前作者已撰写长文探讨了有唐一代内道场的功能[2]，这里把目光集中到了梁武帝华林园内的重云殿。文章第一节根据内外史籍，特别是《建康实录》、《景定建康志》等地方性记载（包括其中所引的早期材料顾野王《舆地志》、许嵩《六朝宫苑记》），复原了重云殿的结构和布局。经考证，重云殿是一个二层建筑，下层称为光严殿，上层称为重云殿。其后方还有一个高耸的建筑层城观，又称通天观，前方

1 汤用彤校注《高僧传》卷二《佛陀跋陀罗传》，北京：中华书局，1992年，第69页。

2 Chen Jinhua, “The Tang Buddhist Palace Chapels,” *Journal of Chinese Religions*, 32 (2004), p.102.

放置了浑天仪，具有观察天象，沟通天人的功能。梁武帝在这里接见过具有神异色彩的傅大士、宝志，以及北魏来访的僧达、昙鸾，还举行过多次法会，僧俗史料可考者共有9次。关于重云殿的被毁，也有两个传说，见于道宣撰《集神州三宝感通录》。这一部分可以说是一个订补版的《南朝佛寺志》条目。

第二节根据陆云公《御讲波若经序》、《南史·梁武帝纪》、萧子显《御讲金字摩诃般若波罗蜜多经序》分别复原了梁武帝在重云殿和同泰寺举行的三次法会。三种文献的记载可以互相补充，作者归纳出梁武帝法会的一套基本仪式结构：首先，法会的性质是无遮大会，不仅参与的人数众多，而且理论上没有身份的限制；第二，法会围绕讲经或者说法舍利供养展开；第三，法会最终吸引大规模的布施；第四，法会上自戕舍身的极端行为将气氛引向高潮；第五，法会往往有祥瑞出现。

第三节是对法会的这几个环节逐一做了分析，认为梁武帝举办无遮大会是为了巩固统治，同时也宣示天下太平，自戕舍身在梁朝的流行一方面与当时的末世观有关，有借此禳除灾难的意思，募集资金也是重要的目的；祥瑞被视作天人交感的情境下，上天（或者是佛）对于自戕舍身行为的回应。这里牵涉到的问题是关于地震的解释，因为按照儒家经典《尚书·洪范》之说，地震无疑属于灾异；而在佛教的语境里，则往往是殊胜的吉兆。

第四节将梁武帝的重云殿内道场与武则天兴建的明堂建筑群做比较，二者无论是建筑布局还是无遮大会的仪式环节都有诸多平行之处。而在这两处以外，隋唐时期还发生过数次具有狂欢性质的无遮大会，分别是长安四年冬（705）武则天迎请法门寺佛骨舍利到洛阳，隋文帝三次颁布舍利，咸通十四年（873）迎请佛舍利到长安。

在结论部分，作者着力强调了无遮法会对于世俗信众的吸引力，以及舍身行为与经济施舍的关联。他用了“迷狂市场”（frenzied market）这样新鲜的词汇，来揭示激烈的信仰行为和捐施之间的交换过程。希望以此论证宗教领域特殊的集资手段对于国家财政和社会生活的积极作用。

6.《梁武帝御花园中的佛教设施》可以说是“无遮大会”一文的影子作品。本文中拓展了前文关于重云殿的考证，又考出梁武帝华林园中的三处佛教活动场所，并说明其功能，分别是宝云殿、华光殿、等觉殿。

（1）宝云殿史籍中可考者一是真谛三藏至建康后“于宝云殿竭诚供养”，并在此翻译经论；二是律师明彻“天监末年敕入华林园，于宝云僧省，专功抄撰”[1]。三是宝唱敕掌“华林园宝云经藏”[2]，这是在此前僧绍所撰《华林佛殿经目》的基础上增订而成，因此僧绍的编纂活动所依托的，当也是这一处经藏。由此三条史料推断此地是皇宫中藏书之所，当无疑问。但由此认为《高僧传》中提到南齐时期的“华林佛殿”也是指宝云殿，则似乎证据不足。

1 郭绍林点校《续高僧传》卷六《明彻传》，北京：中华书局，2014年，第202页。

2 郭绍林点校《续高僧传》卷二《宝唱传》，第8页。

（2）华光殿是梁武帝发起断酒肉大辩论的场所，也是梁武帝与智藏就白衣僧正展开交锋的所在。还有僧法比丘尼诵出经典，法云在此讲《胜鬘经》，史籍记载比较明确。重要的是作者指出《景定建康志》中提到的“光华殿”乃是“华光殿”的误写。因为首先二字误倒在内外史籍中常见，此外，关于该处“施与草堂寺”的解释，我们知道，草堂寺是南齐周颙为慧约在钟山建立的寺院，不在华林园内。而作者指出，此条的来源是《太平御览》引陈顾野王《舆地志》：“梁武帝大通中毁，施与草堂寺”[1]，史文的本意是说华光殿拆除后的建筑部件和珍宝被施舍给了草堂寺。两者在地理上并非毗邻。

（3）等觉殿（等觉道场）是天监十八年梁武帝从慧约受菩萨戒的场所。此外，作者还引韩国保留的萧纲撰《梁小庄严寺道度禅师碑》[2]指出，梁武帝在普通六年再度受菩萨戒，地点也在这里。

7.《法藏新画像》是作者关于法藏生涯的专著之导论和结语。在导论中，作者检讨了两类史料的性质，或者说两种史料观。一种是传记（biography），是对传主生涯客观事件的描述；一种是圣传（hagiopgrahy），是理想化的圣者生平，其目的在于以经典中的范式来树立典型。前者是描述性的（descriptive），后者是标立性的（prescriptive）。两者难以截然分开，只是宗教

---

1 《太平御览》卷一七五，第 10 页中栏。《交流》，第 179 页注 4。

2 萧纲《梁小庄严寺道度禅师碑》，《韩国佛教全书》第 4 册，首尔：东国大学出版部，1990 年，第 661 页中栏。《交流》第 180 页注 5。

史料中的两极。审慎的研究者自然不会将史料的说法照单全收，由此有两种取径。一种试图去伪存真，将宗教史学者感兴趣的元素一概摒除；一种搁置对史实的探讨，专注于史料的圣传书写模式。而作者则提出在二者之间取得平衡，在充分掌握各类性质史料的前提下，仍然不放弃对史实的追求。其中关键在于如何理解那些被历史考察证伪的成分：是无意的纰漏，还是叙述者出于宗派或意识形态目的的捏造？

在结论的部分，作者极力强调了法藏生涯的多面性。法藏可能从未受过具足戒，这与当时重视菩萨戒的风气有关。他对造纸术和印刷的熟悉，促使人们思考宗教与科学的同步性。法藏和武则天的交往中，《华严经》占有核心地位。但是 689 年的华严法会，直接的目的是次年武后的政治革命。武后对《华严经》的利用，有塑造五台山文殊道场这一新圣地的期待（这里离武则天的出生地山西文水很近），也有向于阗国示好的用意。法藏的政治生涯在 694—695 年一度遭遇挫折，而被流放南方，此事仅见于韩国史料。而他再度回到政治中枢转折点是成功抵御了契丹的进攻。在武则天的晚年，法藏率尔倒戈，与拥唐势力联手，铲除了张易之，确保了他在中宗朝的稳固地位。在宗教实践上，他的祈雨密法，与道教的“投龙”仪式渊源极深，考虑到他早年终南山学道，以及悟真寺的道教色彩，这种融合似乎顺理成章。此外，他的舍身自残，不过是一种中亚幻术；在舍利奉迎的活动中，他充当重要的角色。

作者考证的结论在每一个细节上无不颠覆着读者对于华严

宗祖师法藏的刻板印象，凸显了他与世俗世界的深度互动。

8.《〈大唐龙兴三藏圣教序〉再考》前半考订唐中宗为义净题写的这篇重要文献确切的成立年代，后半在此基础上利用序文中提到的“大福先寺主沙门复礼、西崇福寺主法藏”和“授记寺主惠表”的结衔推论三位僧人在武后退位、李唐中兴的微妙时刻所居的寺院，而这又折射出他们的政治境遇。

作者找到该文献的5个版本：日本古写经本，敦煌本S.462，房山石经、《全唐文》卷十七、日本明治年间出版的《御制大藏经序跋集》。值得注意的是此文在敦煌本中不只S.462一号，据落合俊典目录，此外尚有S.1177，P. 3632，P.2803，BD 2654，BD 6950，BD 7827，BD 8998，BD 11425，BD 11630，BD 11631，BD 12216，北大111等12件可供校勘。[1]

经考证，作者信从智升的说法，将序文系于神龙元年中宗通过政变复辟到年底銮驾返回长安这段时间，折算为公历是705年2月23日—706年12月7日。序文的内证与智升的说法存在一些矛盾，作者逐一做了解释。首先，武后的称号“则天大圣皇帝”和序文题目中的“中兴”、“龙兴”的异文，这类政治性的封号都不足以成为系年的依据。此外，更重要的是序文中提到义净当时“已翻诸杂经律二百余卷”，而智升记载截至神龙元年义净译经总数只有121卷。作者注意到卢粲《义净塔铭》（收入《贞元释教录》）记录的卷数也与智升的说法存在较大出入，

1　落合俊典《大正藏・敦煌出土仏典対照目録》（暫定第3版），東京：國際仏教學大學院大學附屬圖書館，2015年，第297页。

由此考虑中宗和智升的说法可能采取了不同的计算方式。其中关节在于，由于义净在译经团队中的核心地位，中宗和卢粲很可能都把八十《华严》计入义净的翻经总数。

确定序文作于神龙元年以后，法藏的境遇就格外耐人寻味了。据序文，法藏当时是西崇福寺主。我们知道法藏在武则天晚年从该寺的僧人升任寺主，而神龙元年正月二十二日，政变发生以后，法藏仍居其位。西崇福寺是武周的皇家寺院，这意味着在武氏倒台以后，武则天甚至被剥夺了任免自己宗族寺院寺主的权力。

最后，阎朝隐的碑铭和崔致远的传中都提到法藏是荐福寺大德或寺主。作者指出，法藏在景龙元年（707）到景云元年（710）这段时间与荐福寺义净的团队毫无瓜葛，而是参与了西崇福寺菩提流支的译场。他改籍荐福寺并在此圆寂，应该发生在生命的最后几年。

9.《中古佛教徒在构建圣迹中所扮演的角色》是对宋代观音信仰一个著名案例的补充。在观音信仰的发展史上，妙善公主的故事影响很大。妙善公主拒绝了父亲妙庄王安排的婚姻，因而受到迫害。但她凭借信仰躲过了厄运，逃到汝州香山寺出家。妙庄王身染恶疾，妙善公主施舍眼睛和手臂，治好了父亲的病。妙庄王忏悔皈依佛教，妙善公主的眼睛和手臂也奇迹般地复原。国王此时方知，妙善原来是千手千眼观音的化身。

这个故事最早的出处是北宋神宗年间蒋之奇所撰《香山大悲菩萨传碑》，欧美学者早有专题研究，以杜德桥和于君方为代表。[1]这些研究深入讨论了碑文中出现的各种母题与佛教经典的关系，但却很少讨论碑文撰者蒋之奇的生平事迹，而这恰恰是本文的贡献所在。作者先根据《宋史》本传和《续资治通鉴》中的记载勾勒了蒋之奇的仕宦生涯，继而参稽佛教史料，考证了蒋氏与晋水净源、圆通法秀、灵芝元照等僧人的交往，特别强调了其僧伽崇拜。回到蒋之奇与观音信仰传播关系的讨论，碑文将妙善故事安排在武后圣历二年（699），这时道宣已经去世。作者认为这样刻意的安排是在暗示武则天与观音信仰的关联。武后推崇十一面观音，这一形象深入民间社会的化身之一便是神僧僧伽的崇拜。

考虑到蒋之奇只是碑文的撰写者，到底在妙善传说的制作中扮演何种作用；碑文中也仅仅出现了武后的年号，作者研究所揭示的武则天推动观音信仰的一系列事件，是否可以成为年号背后的潜台词，似乎都有进一步讨论的余地。

10.《早期台密的构建》是以两组文献的辨伪为中心的。一组是题为最澄从天台僧人顺晓处得到的两通付法文。另一组是题为善无畏所译三种仪轨。传统上认为顺晓依据善无畏所传三仪轨，授予最澄，核心内容保存于两通付法文。而作者的考察证明，这是日本天台僧人的创造。

两通付法文分别藏于京都毗沙门堂和大阪四天王寺，签署

1　Dubridge, *The Legend of Miaoshan*, Oxford: Oxford University Press, 1978. Chün-fang Yu, *Kuan-yin: The Chinese Transformation of Avalokiteśvara*, New York: Columbia University Press, 2000. 中译本参见陈怀宇、姚崇新、林佩莹译《观音：菩萨中国化的演变》，北京：商务印书馆，2012 年。

日期仅隔一日，都在贞元二十一年（805）四月。毗沙门本包含一个密法谱系：善无畏——义林（新罗出身）——顺晓——最澄；四天王寺本的核心内容则是以三组五字真言陀罗尼与上、中、下三品悉地相配。

作者使用了6种年代比较确定的最澄相关史料来检证付法文的成立年代，分别是：

（1）《越州录》：贞元二十一年（805）五月十三日作。

（2）《显戒论》：日本弘仁十一年（820）二月作。

（3）《内证佛法相承血脉谱》：（题）日本弘仁十二年（821）作，今本有增补。

（4）《显戒论缘起》：（题）日本弘仁十二年（821）三月作，今本屡经增补、修订。

（5）《叡山大师传》：最澄弟子一乘忠撰，作者认为是真忠。

（6）《传述一心戒文》：最澄弟子光定撰（约833—834）。

考察的起点是《传述一心戒文》中收录的桓武天皇在延历二十五年（806）最澄回国后颁发的度牒。其中提到最澄从“天竺无畏三藏第三弟子镇国道场大德内供奉常晓和尚”处受三悉地法。这一显赫的封号与早期的重要文献《越州录》和《显戒论》中对顺晓的描述截然不同。两处均只说顺晓是越州龙兴寺僧。另外，称道邃为“台州国清寺智者大师第七弟子”也与《台州录》、《显戒论》不符。《台州录》有天台七祖智度和尚的传，可见当时的七祖不是道邃。

毗沙门本付法文与收录于《叡山大师传》和《血脉谱》的

文字（简称付法文 1）大致相同，但在提到最澄时，毗沙门本称为顺晓的“本国弟子”，作者断定这是日本僧人误抄所致。而付法文 1 虽然作“日本国弟子”，去掉了这个明显错误，也伪迹昭然。理由和上节相同，一是对顺晓的描述不同，二是此文不见于《传述一心戒文》，更不见于《越州录》。伪毗沙门本付法文的目的在于用新罗僧义林连接起善无畏到顺晓的传法谱系，比朝廷度牒更进一步。

四天王寺本付法文略同于《显戒论缘起》所收文字（简称付法文 2），它比付法文 1 多出三组五字真言陀罗尼与三品悉地相配的内容。否定该文本真实性的理由除了上节所述顺晓的描述及早期著录之阙载，还因为此文与毗沙门本仅隔一天，在密教传承史上难以想象。从内容上分析，付法文 2 的核心内容典据分别见于《大日经》、《金刚顶经》、《苏悉地经》，因此含蓄地暗示出“三部互糅”的理念。而在唐密的传统里，《苏悉地经》受到重视是 830 年代开始的，圆仁 847 年回国以后引进日本，873 年圆珍的《决示三悉地法》最早提及了付法文 2。作者据此进一步推论认为付法文 2 的撰作动机，一是为了弥补付法文 1 的缺陷，二是在天台、真言两宗有关密法的竞争中，超越空海所带来的金胎两部互糅的观念。至于该文的创作者是谁，作者指出，圆珍在《上智慧轮三藏书》中问及此事典据何在，所以不可能是造伪者。最可能的人选是圆仁，因为他从 847 年回国以后一直担任天台宗的首座，三部互糅的观念又是他带到日本的。

善无畏译三仪轨，传统上认为是四天王寺本付法文的典据，

被收录于《大正藏·密教部》:

T 905 《三种悉地破地狱转业障出三界秘密陀罗尼法》

T 906 《佛顶尊胜心破地狱转业障出三界秘密三身佛果三种悉地真言仪轨》

T 907 《佛顶尊胜心破地狱转业障出三界秘密陀罗尼》

日本学者一致断定三仪轨不是善无畏翻译的,因为《开元录》、《贞元录》不载,其中的中国元素十分突出,金、胎互糅的倾向也不是善无畏时代可能有的。而本书作者则进一步认为,三仪轨的成立地也不是中国,而是日本。

首先论证 T 907 成立最早。T 907 的偈颂前后语意连贯,顺次顶礼五佛、降三世和不动明王,最后发愿往生净土。而 T 905 的偈颂首尾取自 T 907,中间插入了由善无畏译《慈氏菩萨略修愈誐念诵法》中的偈颂,从而失去了语意的连贯性。T 906 同样对 T 907 的偈颂作了不合理的割截,分成两首。这些都表明二者不是偈颂的原作者,是晚出的文献。

继而考察 T 907 的成立年代和作者。首先排除的是继承圆仁担任天台座主的安惠。根据成书于 13 世纪的晚出文献《秘相承集》,安惠 863 年撰“坚封目录”有《尊胜破地狱仪轨》。但注意到其中还著录有《理趣释》,这是最澄从空海处求取不得,最终导致二人反目的重要文本。在最澄圆寂后不久,将此文本列入天台要籍,绝无可能。

下一个节点人物是圆仁的继承者圆珍。前文提到的《决示三种悉地法》中确有许多描述与 T 907 吻合,其中提及仁忠的随身秘籍还有一件失译《三种悉地法》都令人遐想，但文中关于法身真言的教法都是青龙寺僧师法全的自创，显然不是某部经典；仁忠的随身秘籍所述三身与三组陀罗尼相配的教法在 T 907 中找不到对应。至于失译《三种悉地法》，作者则比定为《清净法身毗卢遮那心地法门成就一切陀罗尼三种悉地》（T 899）。有证据表明，圆珍在 873 年写作《决示三种悉地法》时对 T 907 一无所知。内证是圆珍为并见于 T 907 的三陀罗尼寻找了《大日经》和《金刚顶经文殊师利五字心陀罗尼品》两个典据。外证是他在 882 年给智慧轮的信中还在询问三种悉地法的典据。因此，T 907 与《决示三种悉地法》的诸多重合，只能反过来证明前者是以后者为母本创作的。另外作者还找出 T 907 撷取空海撰《念持真言理观启白文》的例子。

最终 T 907 的作者被锁定为年代更晚的天台宗师安然。安然著《诸阿阇梨真言密教部类总录》（简称“八家秘录”）著录有《尊胜破地狱陀罗尼仪轨》。据安然《胎藏界大法对受记》中的引文可勘定为 T 907。《八家秘录》完成于延喜二年（902），因此 T 907 成立的年代是圆珍卒年 891 年至 902 年之间。

T 905 和 T 906 的性质也可用类似的方法推定。作者指出，T 905 是杂取圆珍的几种作品撰成的。其不见于《八家秘录》，902 年可以作为成立上限。而天台宗僧人长宴的《四十帖决》记载其师皇庆 1047 年的讲义中提到“《尊胜破地狱法》另本”，据引文可勘定为 T 905，因此 1047 年可作为成立下限。T 906 的文本来源更为驳杂，其中有安然的几种作品。其成立年代上限也是902年，下限则据《四十帖决》，可断为1042年。

作者通过抽丝剥茧的分析，揭示了日本天台宗构建密法传承谱系的过程。最澄入唐所行之处仅及边地，没有机会亲至长安学习密法。较之空海所传，天台密教自始即面临正当性的严峻挑战。特别是在最澄、空海反目之后，为了弥补天台密教的弱点，在旷日持久的争论之中，天台宗不断地涂改、增饰本宗密法的传承史，这种增改不仅是史实的，也有教理的。从朝廷发给最澄的度牒，到顺晓写给最澄的付法文，从善无畏到最澄的密法传承谱系渐次清晰。对于顺晓所传密法性质的描述，也几经变化。最澄在《越州录》仅言与金刚界相近，晚年的《显戒论》则声称包含金胎两部。到了四天王寺本付法文，则俨然糅合三品悉地。最后，为了寻求这一独特教法的典据，天台僧人索性炮制了三部善无畏译的仪轨。

11.《一行与九宫》论证一行以《洛书》中的九宫模式改造《大日经》所说“白檀曼荼罗”。据《大日经》，白檀曼荼罗有六部神明，一行《大日经疏》将救世者分为一切佛、一切菩萨，又引入经文中没有提及的降三世明王和阿阇梨，形成九部曼荼罗。图示如下：

西北：降三世明王	北：　莲华手	东北：佛母
西：　阿阇梨	中央：五佛	东：　一切佛
西南：不动尊	南：　金刚手	东南：一切菩萨

《大日经》卷八有一段描述大悲胎藏曼荼罗所衍生“大曼荼罗”做法的文字，可能是一行重构白檀曼荼罗的灵感来源，但不是唯一来源。因为经文虽然提到了降三世明王，并把救世者分为一切佛和一切菩萨，但二者的差别在于，一行重构版本中给了阿阇梨重要的位置，莲华手和不动尊的方位安排也不同。

作者认为，一行重构的依据是中国传统的九宫模式。据汉人徐岳撰、北周甄鸾注《术数记遗》，“二四为肩、六八为足，左三右七，载九履一，五居中央”，图示如下：

4 东北	9 东	2 东南
3 北	5 中央	7 南
8 西北	1 西	6 西南

一行的重构白檀曼荼罗将莲华手和金刚手安置在南北两位，因其是毗卢遮那佛的护法，同样道理，不动尊和降三世明王安置在西南、西北两位，也是密切配合的。最有特色的阿阇梨居西方，一切佛居东方，其中的理解与九宫完全一致，阿阇梨代表修行过程的开端，一切佛代表修行的精神追求。而中央位置由经文中的毗卢遮那佛改为五佛，应该也受到“五居中央”观念的影响。

欧策理（Charles Orzech）指出，不空依《金刚顶经》制成九部曼荼罗受到九宫模式的影响，本文则把这一中国传统与密教结合的做法推到了时代更早的一行。

12.《“西域”面具下的中土僧人》是利用不同性质的史料对晚唐密教僧人智慧轮的生涯做的又一次重构。在方法论上，作者再次强调了《法藏新画像》中提出的在传记—圣传间寻求调和的范式，但也坦言由于资料的限制，对智慧轮的呈现不及法藏丰富多彩。

文献资料以《宋高僧传》最为习见。传云智慧轮出身西域，并且提到他的两部作品《佛法根本》和《示教指归》。作者指出前者是指藏内所收《明佛法根本碑》（T. no. 1954），而后者并非独立作品，由于碑文中用“指归曰”领起一个偈颂，因此《示教指归》很可能只是碑文的一部分。除此之外，智慧轮的作品今存4种[1]，归名于般若斫羯罗（Prajñācakra，智慧轮）的《摩诃吠室啰末那野提婆喝啰阇陀罗尼仪轨》（T 1246）并非智慧轮的作品。日本方面的记录有宗睿和圆珍。圆珍的《上智慧轮三藏书》和《疑集》最重要的记载是关于智慧轮的密法传承：不空三藏——惠则、惠应——文璨——智慧轮。

碑铭资料有三种，除了前文提到的《明佛法根本碑》，尚有《宝刻丛编》著录的《唐兴善寺普照大师碑》和《京兆金石录》所收《唐僖宗赐澄衿寺额碑》，皆为张同撰、崔厚书。前者最重要的信息是记载智慧轮“姓丁氏，京兆杜陵人”，这与《宋高僧传》的说法完全不同。后者的所在澄衿寺实即法藏所建五处华

1 《圣欢喜天式法》（T 1275）、《般若波罗蜜多心经》（T 254）、《最上乘瑜伽秘密三摩地修本尊悉地建立曼荼罗仪轨》（引见杲宝《大日经疏演奥钞》）、《智慧轮悉昙章》（引见《悉昙略记》等）。

严大寺中最重要的一处，后改额澄衿院。

最后是法门寺地宫考古发掘的证据。咸通十五年（874）的供奉清单里，智慧轮的供养物不与朝臣、僧尼同列，而是单列一条。出土的实物中，智慧轮所供金函、银函铭文都有“咸通十二年闰八月”题记。这两个证据放到懿宗朝舍利崇奉的背景中意义十分显明。咸通十二年（871）八月十九日，也就是会昌毁佛之后不久，僧人师益在法门寺地宫下找到了佛骨真身舍利。咸通十四年（873）三月二十二日，懿宗下诏奉迎舍利，七月十九日，懿宗崩，僖宗次日嗣位，十二月八日，僖宗下诏奉还佛骨。在舍利被发现到懿宗下诏奉请的两年时间里，朝臣发生了激烈争执。而智慧轮在佛骨舍利被发现之后的二十多天内即开始负责制作舍利容器，在供献清单中又处于核心地位，因此可以推测，智慧轮是这一场舍利崇拜运动的策划者。

通过碑刻与文献资料的比勘，作者猛烈批评了赞宁处理史料的疏忽。在密教研究领域，有一种探讨密法受到中国本土思想影响的路径，以欧策理（Charles Orzech）为代表。前文《一行与九宫》正是延续了这一思路。而智慧轮出身京兆丁氏，这一碑刻资料传达出的重要信息，在某种程度上也回应了这一议题。也就是说，密教在不空之后不仅没有衰落，反而在世俗世界非常活跃，主持其事的正是智慧轮这样具有中国本土背景的僧人。

作者讨论密教的三篇文章，都在从不同的角度强调密教与东亚传统的亲和性，这对于我们理解9世纪以降密教在中晚唐以及整个东亚的展开及其宗教活力无疑是十分有益的推进。

笔者作为佛教史的晚学，是在荣新江老师的学术规范课上得知金华老师其人的。也正是由于阅读了本书所收无遮大会一文（此次有幸承担该文翻译），而毅然踏入六朝佛教史这一原本陌生而艰深的领域。2013年以来，数次参加陈老师组织的佛教研修班，这些文章也是课堂的教本，给我莫大裨益。数载研习，我对陈老师的学术方法也有一些体会和心得，在此冒昧提出，与本书读者交流。

第一，作者的研究以考证立基，令人想起清人的朴学和欧洲老派汉学家的作风。他特别善于从前人分歧之处楔入，无论是史料的歧异，还是先行研究的争执，以此为起点，步步为营。他对史事的时间、地点、人物的考订巨细靡遗，这在电子检索发达的今天似乎显得很容易。但请不要忘记，本书原文发表的年代，电子检索的手段尚不成熟，书中涉及的大量日本佛教、韩国佛教的史籍直到今日还没有电子化。况且能在行文的每一处细节将检索贯彻得如此饱满、充实，其毅力之坚卓令人感佩。

第二，作者充分占有各类史料的同时，对于史料性质具有独到的把握和判断。在传记和圣传间实现均衡，这一立场在法藏和智慧轮的讨论中被反复强调。近年以来，国内学界受后现代史学的影响，普遍关注书写格套、史家主观撰述意图，但历史学者不应放弃分析排比，从叙事中剥离史实的责任。作者的这一提醒无疑是一记清亮的警钟。

第三，作者特别关注或者说刻意强调宗教与世俗社会的互动，这种互动很大程度上是与政治权力中枢的纠葛，同时也包括社会生活的其他方面，比如宗教与科技、金融、公益救济、娱乐等各个领域。他似乎希望改变人们对“佛教徒＝哲学家、苦行者”的刻板印象，往往通过细密的考证，得出颠覆性的结论。

随着佛教史学研究范式的兴起，越来越多的学者，特别是欧美学者，开始不满长期以来佛教学从属于哲学系和宗派学术的格局，尝试用一种广义文化史的视角去观察佛教，从而展现佛教史被宗派叙事遮蔽的多彩侧面。[1]这是由于欧美的东亚佛教研究长期受到日本学界的影响，而海外的批判在国内学界也颇有共鸣。然而，这一呼吁不无隐忧。对于从历史学训练起步的学者来说，佛教内部的史料始终是最难把握的。史料的撰述有许多先后的层次，历史的线索又有它独特的逻辑。在历史学的解剖刀下宗派叙事的破产，并不意味着宗教史学者可以免除对宗派学术的研习。宗派的向心力始终是形塑佛教史，创造佛教事叙事的一股能动性的力量。

其实，作者本人恰恰是对日本宗派性的研究浸染极深的，只要翻一翻本书各章的注释便可了然。这使他能够全面搜讨史传、目录、注疏间的零散史料，又能对历史书写的技术性讹误和宗派动机做出精密的判断。深入宗派，而能越出其藩篱，我

1　欧美学者对宗派叙事的反思，孙英刚有详细的梳理，参见《夸大的图景：宗派模式与隋唐佛教史书写》，朱政惠、崔丕编《北美中国学的历史与现状》，上海：上海辞书出版社，2013 年，第 361—373 页。

个人认为是陈老师学术的成功之处。

由于本书是集体翻译，体例和文风的不统一在所难免。仅就翻检所及，略举一二。

第30页（第51页同）：炖煌。繁简转换失误，当作“燉煌”。

第38页：《魏书》将他描述成一个黑魔法的实践者。原文 black magic，当意译作“妖术邪法”。

第50页：永初二年七、八月间。当作“永初元年”，原文不误。

第51页注2：应分为三条。第一条在“胡”字上。第二条在“寻”字上。第三条在“慕”字上。

第325页：在太监和高僧们的护持下。案：“太监”是明代以后的称呼，在唐朝的语境里，当译为“宦官”。

第72页：元嘉十一年九月（435年1月26日至2月13日），据英文原文，当改为：至436年2月13日。

第76页：第一个日期与昙无谶译经（《般舟三昧经》……），改为：支娄迦谶。

第87页：“勇伏定”和“首楞严三昧”分别是梵文 *OEūra-ṃgamasamādhi* 的汉译和音写，梵文改为：Śūraṃgama-samādhi。

第90页：《自在王经》（二卷，梵文 Îśvararājabodhisattva），梵文改为：Īśvararājabodhisattva。

第277页：贞观十五年（872），改为：贞元。

不透明的能指：圣徒传书写中的印度祖师形象[1]

在近年欧美的中国佛教史研究中，杨启圣的《汉地对印度祖师的构想》是一本值得关注的作品。该书广泛徵引了中古时期的僧传、注疏、密教仪式文本乃至石刻史料，细腻展现了龙树、马鸣、提婆三位印度佛教史上的重要人物在汉地的接受史和形象演变，对我们理解宗教史料的性质乃至文化影响的模式，都有启发意义。笔者读到的几篇英文书评，都对该书给予了较高评价。[2] 鉴于国内学界尚未有书评译介，即使英文书评，也仅有对方法论的分析，缺少对史料解读的检讨，因而尚有再加评介的必要。

1　评：Stuart H. Young, *Conceiving the Indian Buddhist Patriarchs in China*, Honolulu: University of Hawaii Press, 2015。

2　目前所见三篇书评是 Christoph Anderl (Ghent University) and Laurent Van Cutsem (Ghent University) 发表在 H-Buddhism (June, 2016) 网站上的书评，以及 Pierce Sanguero, "Conceiving the Indian Buddhist Patriarchs in China", *Numen*, Vol.63(2016):607-611; Elizabeth Morrison, "Conceiving the Indian Buddhist Patriarchs in China, by Stuart H. Young", *Studies in Chinese Religions* 1.2(2015):200-201。

在**导言**中，作者开宗明义地表明了本书的主旨和特色。作者认为中古时期的汉地佛教存在一个普遍的情结，就是以圣者为榜样，弥合中印之间的鸿沟，在佛陀入灭之后的无佛时代，找到某种依归。本书选取马鸣、龙树、提婆三位印度祖师作为个案，考察中古时期汉地佛教徒如何构想印度佛教这一他者。作者的兴趣不在于透过这层汉语文献的表现去探究印度佛教史，而是观察汉地的理解本身，用作者的话说，不是 look through，而是 look at（第 6 页）。诚如之前的书评所指出，作者对于文化影响的理解受到美国社会学家 Ann Swidler 的影响，使用了"repertoire"或者"toolkit"之类的概念。其大意是说个人接受文化的影响并非单向、被动的，文化只提供了一个可供选择的节目单或工具箱。这一理念用于两种文化间的互动，则相应地比较强调传统上所谓文化主体对外来文化的选择性过滤或重塑。[1]不过 repertoire 这一术语在欧美的学术语言中已经成为日常用语，几乎失去了原有的理论色彩。具体到三位祖师，他们提供给中古汉地的佛教徒的节目单最核心的要素是"印度性"，论师、辩士、禅定僧、术士等等具体的形象都围绕印度性格展开。

对于本书所使用的材料，作者提出了系统的"圣传"（hagiography）史料观。首先，圣传无疑代表了汉地对印度的想象，但作者同时强调这种想象并非某个作者个人向壁虚造，而是某种集体性的产物。第二，既然是印度祖师的圣传，这类作品的书写格

1 Ann Swilder, "Culture in Action: Symbols and Strategies", *American Sociological Review* 51(2): 273-286.

套并非来源于中国传统的圣传书写。第三，圣传的内容也不仅限于介绍圣者的生平事迹，还承担着界定作品产生的语境，增加仪式的权威性诸多复杂功能。传统上处理宗教史传，学者要么希望在其中剥离出真实的史实，要么希望分析其所体现的宗教理想。而近来的趋势则认为二者不可分割。

第一章开头便以汉地的接受史为基准，梳理了汉地僧人知识世界中印度佛教史逐渐成型的历程。从佛教传入之初，汉地关于印度的了解仅限于佛陀生涯以及经文中零散的法灭预言。这些散落的叙事构成了佛陀涅槃之后，从正法到像法逐渐衰落的历史观。在西晋译出的《阿育王传》(*Aśokāvadāna*)中，提及了释迦灭后迦叶、阿难、末田地、商那和修、优波毱多等五人的传承谱系，此后则无记载，“后涅槃时代”的历史仍是语焉不详。

直到5世纪初，罗什译场成员才开始留下关于龙树、马鸣、提婆的丰富记载。僧肇《百论》序、僧叡《大智释论序》以及昙影的《中论序》分别把三位祖师安排在佛灭后若干年，而其总体的历史观又存在一个正法五百年、像法五百年不断衰亡的时间框架，这一框架在罗什译《法华经》、《金刚经》里已有暗示。在一个佛法衰落，外道蜂起的时代，印度祖师挽狂澜于既倒，维持佛法不堕，成为后世信徒模仿的榜样。此外在罗什及其弟子的作品里，还普遍流露出身处边地的自卑感。而边地众生的福音则是罗什所带来的诸种经论。在僧叡等人的序文中，欣遇之情溢于言表。这种将末世解脱的希望寄托于经典的想法在罗什译《大智度论》、《中论》里已有体现。此外作者还指出，中国本土也有盛衰循环的历史观以及五百年必有圣人出的观念，然而上古的圣贤只是崇拜的对象而不可模仿，相比之下，印度祖师的形象则显得更加脚踏实地。

作者从罗什及其弟子的作品中，提炼出若干印度祖师之节目单（repertoire），首先是以机辩方便度化。罗什的《注维摩》和七寺本《马鸣菩萨传》（简称为《传》）[1]都记载了身为外道的马鸣与胁比丘（《传》作富楼那）辩论最终皈依佛教，以及龙树与外道论辩，以神力令见天与阿修罗战，令外道屈服的故事。

其次是撰作注疏。在5世纪的汉地僧人看来，这是印度祖师形象中最重要的侧面。提婆的《百论》后来被认为是辩论的现场记录（见第三章），龙树的《中论》、《十二门论》、《大智度论》等作品也同样被视作在衰世中开导迷悟的津梁。相比之下，马鸣的著作有些空洞。只有《坐禅三昧经》中的一些诗句而已。作者认为，这种现状与《传》中所云"作庄严佛法诸论百有万言，大行天竺"[2]之间的出入，促使《法经录》将《大庄严经论》安到了马鸣头上。《历代三宝纪》云：

> 《萨婆多记》云：马鸣菩萨，佛灭后三百余年，生东天竺，婆罗门种。出家破诸外道，造《大庄严论》数百偈，

1 《马鸣菩萨传》有两个系统，日本古抄七寺本是宋以前之旧貌，今藏经本为晚出形态，说详后附录1。

2 《法苑珠林》卷五三，T53, no. 2122, p. 681, c15. 七寺本《马鸣菩萨传》文字略同。

盛弘佛教。有别传载，计当此时。[1]

《萨婆多记》已佚，仅目录见于僧祐《出三藏记集》。僧祐不载《大庄严经论》事，作者认为费长房一定是误读了七寺本传记“庄严佛法诸论”一句。《传》中另一个重要的说法在于突显龙树对马鸣的继承。僧叡的《大智论抄序》强调了这一点。然而龙树的年代与马鸣相差数百年，龙树的作品中也从未提及马鸣，其依据只能是《传》文“其后龙树染翰之初，著论之始，未尝不稽首马鸣，作自归之偈”[2]之语。

第三项是修习禅定。这主要体现在僧叡的《关中出禅经序》中。蓑轮显量和山部能宜等人都认为僧叡所描述的马鸣所造偈颂与《坐禅三昧经》十分接近。而《众家禅要》中虽未明言马鸣之禅法得自胁比丘，但考虑《注维摩诘经》中的故事，引导马鸣皈依佛教的正是此人。

第四项是隐居主题。慧远《大智论抄序》是今存最早的可以确定为5世纪作品的龙树传记。在罗什长安教团对马鸣、提婆的描述中，这些印度祖师四处游历，而慧远则大大突出了龙树岩穴之士的特点，作者认为这与慧远本人隐迹庐山的志趣颇为合拍。

总之，作者认为，5世纪以罗什及其弟子为中心的义学僧人创作了有关马鸣、龙树、提婆三位祖师的最早传记，这一努力

1 《历代三宝纪》卷一，T49, no. 2034, p. 28, a6.

2 《法苑珠林》卷五三，T53, no. 2122, p. 681, c17-18。七寺本《马鸣菩萨传》文字同。

背后的意图是要克服其与佛陀本人在时空上的距离，而其对三者形象的塑造很大程度上体现了当时士大夫的趣味。

第二章讨论5世纪下半叶译出的《付法藏因缘传》。经文中诸师谱系的传承对后世天台、禅宗的谱系建构均有重要影响，因而也是学界历来热衷讨论的话题。作者却敏锐地指出《付法藏传》所传达的重要信息不是佛法从印度到中国的延续，经中所述第23位祖师师子比丘被反佛的罽宾王杀害，从此佛法便断绝了。早期禅宗主张师子比丘死前已有传法，学界以往则是从北朝的宗教迫害这一背景来理解经文中这一奇特的主题，或者认为是影射太武灭佛，或者认为是劝诫国主毋重蹈灭佛之覆辙。作者对此的解释是"《法华经》解脱论"（*Lotus Sūtra* soteriology，第69页），意即以法脉断绝的方便示现激励信徒自立自强，荷担如来家业。

也正是在《付法藏传》中，马鸣、龙树、提婆的传记内容大大丰富，从而与单行本三祖师传接近。此前学界倾向认为昙曜是抄略诸传，实则三人传记的内容与经文的主旨颇为契合，因此更可能是单行本传记从《付法藏传》发展而来。

较之罗什教团的作品，此处的叙事有几个重要的转向。一是三位祖师不再是中兴佛法的救星，而被安放在一个代代相传的谱系里。只要法脉不绝，佛法便没有堕失的危险。二是强调了三位祖师作为国主谋臣、师尊的角色，对政教关系的描写此前罗什的作品中极少触及，这里则非常突出。三是与此相关联，三位祖师所擅长的技艺也不再限于谈辩、造论、禅定、隐居，而加入了舍身、咒术、医方等等项目。

本章结尾分析了河南宝山灵泉寺大住圣窟。该窟南壁东侧绘制了24位印度祖师传法图，先行研究已表明其受到《付法藏传》的影响。作者则认为该传法图与窟内所刻佛名类似，是礼忏仪式中念诵的对象。

第三章讨论隋唐统一以后诸文献，6—8世纪突出的新趋势是将三位祖师从平均化的传法谱系中单独提出。马鸣、龙树的知名度大大增加，在5世纪译出的《摩诃摩耶经》、《楞伽经》中，二者的地位被强调，目录中也出现了许多种归名于二者的论典。

众所周知，隋唐佛教的一大特色在于以判教调和旧说。在灌顶的《仁王护国般若经疏》中，法灭的叙事与师弟相承的叙事结合在了一起。换言之，马鸣、龙树、提婆的出现并不能扭转佛法衰落的趋势，相反，他们站在历史的高点所留下的著作才是开悟的希望。

灌顶《摩诃止观》为天台谱系建构之嚆矢。有趣的是，灌顶没有选择《付法藏传》中的最后一位传法比丘作为中印佛法传承的连接点，而选择了《大智度论》的作者龙树。以往学者多认为灌顶揭橥龙树，有与吉藏争夺正统的意味，因为龙树正是“三论宗”的不祧之祖。作者则指出龙树早有超越宗派的地位，并非专属某一宗派。

话题转到马鸣，便不得不谈起《大乘起信论》作者的公案。马鸣现存没有争议的作品，只有《佛所行赞》(*Buddhacarita*)、

《美难陀传》(*Saundarananda*)、《舍利弗戏剧》(*Śāliputrakarṇa*)三部。这些作品都以诗体宣说早期佛教的教义，很难想象同一位作者会撰作《起信论》那样糅合阿赖耶识与如来藏等大乘教理的论书。作者认为圣传(hagiography)的叙述埋下了这一署名的伏笔，促使人们将《起信论》与马鸣联系起来有三个因素：一是自罗什时代起，传记里便已在强调马鸣与龙树的联系，论书的作者若要享受与龙树等齐的崇高地位，便只有号称马鸣。二是马鸣长期以来被视作禅法的大师，而《起信论》也可以理解为是引导修习者实践"一心"的禅法手册。三是马鸣于衰世中为开悟愚顽的形象与《起信论》为钝根人说法的自我标榜合拍。这些都使马鸣成为传说中《大乘起信论》作者的不二人选。

本章最后讨论玄奘《大唐西域记》对龙树、提婆传记的改写。在玄奘的记述里，龙树得到引正王的器重，发明了长生药，与王俱享百年之寿。太子急于嗣位，要求龙树以头施舍。于是龙树自刎身亡。关于提婆与龙树的关系，吉藏在《仁王经疏》里的立场颇为骑墙，似乎有时声称龙树针对小乘，提婆针对外道，二者所处的环境不同；有时又强调二者的师承关系。但无论怎样，当时人普遍认为龙树与提婆之间相隔若干年。玄奘的记载则明确肯定了提婆亲承龙树，并且隆重推出了提婆所作《广百论》。在宣扬提婆辩才这一点上，吉藏也做出重要贡献。僧肇《百论序》仅言该论采取对话的形式，《付法藏传》与单行本《提婆菩萨传》均言提婆破外道，退入林中撰论。只有吉藏《三论玄义》记载提婆"撰集当时之言，以为《百论》"，明确将提婆传记与作品联系在一起。

灌顶、吉藏、玄奘对三位印度祖师传记的改写，都有共同的方向，作者认为隋唐时期逐渐摆脱了对印度佛法衰亡的关切，而是坚信印度佛教的精义已经随着三位祖师作品的翻译传递到中国，印度已经落户（localize）在中国。

第四章考察 9 世纪以降龙树形象的新变。第一个方面是龙树与净土的渊源。龙树《大智度论》和《十住毗婆沙论・易行品》经常作为净土修行的典据。特别是后者的偈颂在唐代被整理成了《龙树赞礼阿弥陀佛文》，在迦才《净土论》、善导《往生礼赞偈》中屡屡引用。昙鸾的作品中龙树菩萨则成为礼敬的直接对象。成立年代稍晚的《往生西方净土瑞应传》中，昙鸾自南返北，授与他《无量寿经》的三藏法师从《续高僧传》记载的菩提留支被改为龙树菩萨。作者指出这与吉藏认为《观经》是龙树从龙宫探得的讲法有关。

第二个方面是龙树作为咒师的形象。《付法藏传》和单行本《龙树菩萨传》中都有唤请毗沙门天王的情节。密教研究者也指出，《大智度论》以及净影慧远《大乘义章・四陀罗尼七门分别》是中国人最初了解陀罗尼的主要学术资源。龙树的净土偈赞在某种意义上也属于陀罗尼。在昙鸾的观念中，佛名被视为能指与所指的统一体，通过念诵佛名，相应的佛就会出现在面前，因此赞与咒实现了同一。

署名龙树的最著名的符咒集自然是《龙树五明论》，该书今存日本平安时代石山寺抄本。司马虚（Michel Strickmann）和长部和雄都认为是6世纪成立的北朝作品，即《历代三宝纪》著录的北周译《五明论》之节抄。作者指出此论与龙树联系，时间大概是在中唐。李通玄（约635—730）《新华严经论》引此书，可知必在此前成立；龙树、马鸣合力提供仪式药材的情节，显示出与8—9世纪成立的《金毗罗童子威德经》有关；《开元释教录》著录《五明论》阙本，同时将《婆罗门天文》排斥出藏。可以推测，大概在此前后，人们将《五明论》相关部分抄出，冠以龙树的名字。与此相联系的一个背景是，也是在中唐，龙树被编织进密教的传法谱系中。义净的《大唐西域求法高僧传》只记载龙树、难陀、陈那、道琳持明咒藏的松散传承，赵迁《不空行状》则建构了毗卢遮那、金刚手菩萨、龙树、龙智、金刚智、不空的密教传法谱系。作者接下来《龙树五明论》的仪式内容做了介绍，指出诸如隐身符等法术在龙树的早期传记中已见端倪。

第三个方面是龙树与医药。与佛陀相似，龙树也有一段纵欲享乐的少年经历。在《付法藏传》和单行本传记里，这段经历的核心情节是修合隐身药。6世纪的《历代三宝纪》和《隋书》分别著录了署名龙树的《龙树菩萨和香方》和《龙树菩萨药方》。《龙树五明论》有治疗眼病的文字，而晚唐则出现了专门的作品《龙树菩萨眼论》。

龙树与医药的关系最集中地体现在《佛说金毗罗童子威德经》中。此经宣扬济世救人的主要人物即是龙树、马鸣。关于该本的成立，作者指出《常晓和尚请来目录》的著录和湛然

《传弘决》所引“金丹”都可以证明《金毗罗童子经》大概是中唐撰述的伪经。经文内容的特异之处在于，龙树菩萨自称从燃灯佛时起即开始了修行，并且通过仪式的召唤，他会亲自出现在修行者面前传授医方要诀。

作者最后指出，如果说早期龙树形象是知识精英创造的，《付法藏传》等第二期作品体现出僧界对皇家供养者的诉求，仪式文献中的龙树形象则很难判定是何种社会阶层的产物，可以确定的是其宗派的标榜。也就是说，虽然《五明论》等作品显然窃取了道教元素，但通过宣称龙树的印度性格，都强调了佛教的优越性。

第五章讲述了马鸣菩萨变身蚕神的经历。这是一个戏剧性的变化，早期传记毫无端倪，需要从中国文化自身寻找源头。中国向来重视养蚕，如果认为《周礼》是汉代的作品，则此时已有蚕神的记载。汉代民间最流行的蚕神称为马头娘，其事迹可见《搜神记》“太古蚕马记”。马与蚕相联系的关节点在于古代星象学中“辰为马星”的说法，辰宿当空则是选取蚕种之时。

在10世纪的敦煌写本S.5639《蚕筵愿文》和北宋王日休的《龙舒增广净土文》中，都提到养蚕稽首马鸣。以往学界认为历史上存在两个马鸣，一个是印度的马鸣，一个是中国民间的。作者则指出，9世纪初成立的洪州禅史书《曹溪宝林传》已经出现了马鸣先世化身为蚕的故事，这里的马鸣无疑是传法谱系中的那位印度祖师。故事采取了本生谭的形式，将马鸣化身为蚕描述为菩萨的舍身行。这种改写背后针对的无疑是中古早期盛行的禁绝绢衣的思想，拾取蚕丝长期以来被认为是残忍而有违慈悲精神的。本章最后介绍了两种与马鸣有关的密教文献《马鸣菩萨大神力无比验法念诵轨仪》和《马鸣菩萨成就悉地念诵》，作为《宝林传》故事延长线上的衍生作品。

本书**第六章**和**结论**基本上是回顾了前此各章所讨论过的印度祖师在中国的形象建构，并再次申明了作者的“圣传”史料观。只是作为本书内容的补充和展望，简略介绍了三位祖师在日本和中国晚期形象演变的研究。

附录 1 是日本名古屋七寺古抄本《马鸣菩萨传》的英译和解题。落合俊典指出，日本古抄本《马鸣菩萨传》与今存版刻大藏经存在重大差异。而根据种种引文可知，古抄本代表了隋唐间流行的形态，而版刻本后出。作者认为此本成立于罗什身后稍晚的南北朝时期，这是考虑到罗什及其弟子均未提及该传，《出三藏记集》也未著录。并且传文与罗什、僧肇的《注维摩》有两处关键的差异。一是《注维摩》记载马鸣生于佛灭后七百年，而传云三百余年；二是《注维摩》记载马鸣师承胁尊者（Pārśva），而传云富楼那（Pūrṇa）。对于前者，作者的解释是僧叡在《注维摩》以後，改写了他认为罗什不正确的地方（256页）。对于后者，作者注意到《法华经・五百弟子授记品》有“富楼那过去、现在、未来护持说法”的段落，以富楼那代替说一切有部的胁比丘意在褒扬大乘。

附录 2 是版刻大藏经本《提婆菩萨传》的英译和解题。关于龙树、提婆二传的成立年代，传统上认为是罗什译，是根据《历代三宝纪》以后的著录。其实二传内容主题与僧肇《百论序》中的提婆事迹以及慧远撰《大智论抄序》龙树事迹有显著不同，而与《付法藏因缘传》的情节极其接近。因此作者认为二传是从《付法藏传》中节略后单行的，但也不排除二者有更早的共同源头。

附录3 是《马鸣菩萨大神力无比验法念诵仪轨》和《马鸣菩萨成就悉地念诵》的英译和简要解题。

通读本书，我感觉作者在方法上颇受后现代历史学思潮的影响，搁置对史料所反映的史实的探究，专注于研讨史家书写的动机和模式，与国内近年流行的“历史书写”研究颇为契合。[1] 其实所谓“圣传”研究的范式在中国中古佛教史，特别是早期禅史领域早已全面开花。[2] 不过这些还只是中国佛教史领域内的进展。本书的研究对象则是用汉语书写，号称从印度翻译过来的印度祖师传记，涉及的问题更多，处理起来难度也更大。

在作者的描述中，印度祖师传记似乎是在一个相对封闭的系统中衍生。罗什教团的作品、《付法藏传》、隋唐注疏家、

1　参见孙正军《魏晋南北朝史研究中的史料批判研究》，《文史哲》2016年第1期，第21—37页。

2　参见 John Kieschnick, *The Eminent Monk: Buddhist Ideals in Medieval Chinese Hagiography,* University of Hawaii Press, 1997 以及龚隽、陈继东《中国禅学研究入门》，上海：复旦大学出版社，2009年；冯国栋《传统、现代与后现代——近现代禅宗研究的系谱学考察》，《〈景德传灯录〉研究》附录，北京：中华书局，2014年。

仪式文献中的龙树和马鸣，各自代表了一个主旨明确的文献群，主旨的差异也就反映了时代整体心态的变化。在许多情况下，作者凭借细腻的文本分析，敏锐地捕捉到了叙事主题所传达出的命意（agenda）。举例而言，关于《付法藏传》的传法谱系，他观察到经文的微言大义在于强调谱系的中断，以激励后人，而非后世谱系跨越中印，赓续不绝。这在《续高僧传》中有明确的例证，海顺"尝寻《付法藏传》说如来涅槃，法付承继，迄于师子罽宾，嘱累斯尽，词事既显，若亲面焉。因斯凄感，涕零如雨，曰：'恨不及彼圣人，拔兹沈俗也'"。[1] 又比如罗什教团作品中的末法焦虑，《付法藏传》对君臣关系的强调，隋唐注疏中对龙树、马鸣的突显等等，把握都相当准确。但也在有些问题上求之过深，例如所谓的"中印区隔"（Sino-Indian divide）的提法，似乎有些偏差。因为在佛教的语境里，相对于觉悟的圣者，现世的凡夫的一切都是愚痴的、可悲悯的，而且相关的描述都在说马鸣、龙树诸人所处的印度，看不出对汉地有太多悲观、自卑的情绪。当然这只能诉诸阅读的感受，不妨见仁见智。

比较棘手的问题在于，将传记的内容、主旨变动的原因全部归因于汉地佛教的环境变化是否合理？换言之，如果将汉文史料自身的"书写"视作相机的滤镜，其所反映的印度史实比喻为相机前的真人，假如照片里的人像偏胖，我们需要搜集

1 郭绍林点校《续高僧传》卷一三《海顺传》，北京：中华书局，2014 年，第 443 页。

各种角度的照片努力复原真人的体态，才能判断偏胖的效果是原来如此，还是视觉处理使然。作者做了许多精致的说明，力图证成这种复原之不可能，在我看来终究略显苍白，因为这与作者对汉文史料成立年代、先后层次孜孜以求的态度完全悖离。所幸的是，作者比较诚实地提示了有可能改变文本衍生图景的关键性研究。例如七寺本《马鸣菩萨传》提到龙树每逢撰论，未尝不稽首马鸣。今存作品中见不到龙树称引马鸣，然而E.H.Johnson 指出，龙树的作品中经常刻意借用马鸣的诗句，特别是《美难陀传》(第 54 页)。又比如龙树与医药的联系，在唐代被大大发展了，出现了托名龙树的作品。然而根据 David White 的研究，这一联系在印度、西藏传统中也广泛存在（183 页注 85）。类似道理，比如《付法藏传》较之罗什教团的作品增出的三祖师与君主的联系，究竟是北朝政教关系催生的产物，还是确有印度、中亚的史实作为背景？换言之，汉文史料的内容、主旨变化，是否有印度源头的新信息不断汇入？这无疑是令人感兴趣的问题，也是不容回避的问题。

本书还提出了一个很有价值的思路，即传记与作品的共生关系。传记为作品提供更立体、鲜活的语境，同时也增加了作品的权威性。在相对灵活的作者观念支配下，“伪托”本是古代文本历史上极为普遍的现象。作者比较成功地揭示了《大庄严经论》、《大乘起信论》伪托马鸣与《五明论》伪托龙树的史传基础以及看似无稽的马鸣为蚕神传说中演变的机理。我们恍然大悟，原来署名之伪托在早期的传记中已然埋下了伏笔。因此尽管英语世界对此书评价最高的是第四、第五两章，特别是马鸣化身为蚕神的掌故，（作者近年正着手将此发展成一本新书），但我认为其实第一章的讨论才奠定了全书考察的基准。在今天最易获得的单行本传记成立之前，划出一批可以确定为 5 世纪初成立的鸠摩罗什及其弟子的作品，此举实属难能。

然而不得不说，作者对这一批文献性质的判断还存在一些偏差。这集中体现在他在附录 1 中对《注维摩》和七寺本《马鸣菩萨传》关系的解释。其实对于僧叡来说，正、像二时，佛灭年代，以及马鸣、龙树距离佛灭的年数，有一个自洽的理论框架。《喻疑论》言正法五百年，像法五百。同文又说，汉明帝世，乃“像法之初”。汉明帝于公元 57—75 年间在位，按照正法 500 年，像法 500 年之说，向上倒推 500 余年，佛灭年代大致在公元前 500 年，而不是作者根据后世史料推算的公元前 607 年（第 37 页）。僧叡《大智论序》说“马鸣起于正法之余，龙树生于像法之末”。此语并非泛泛而论，吉藏《中观论疏》云：“睿师《成实论序》述罗什语云：马鸣是三百五十年出，龙树是五百三十年出。”可为注脚。[1] 由此带来的问题是，《注维摩》什曰记载马鸣生活在佛灭后六百年[2]，与僧叡的讲法不合。僧叡自称讲法来自罗什，如此出入更应该考虑罗什注为后世改篡的可能。因为敦煌、吐鲁番写本显示，《维摩诘经》注释最早的形态是僧肇单注，肇、什编集本和三

1 参见拙文《佛教历史意识的兴起——以法显行记的几则记载为中心》，《文史哲》2019 年第 3 期，第 74—86 页。

2 《注维摩诘经》卷八，T38, no. 1775, p. 399, b5-6。

家注本渐次出现。[1]而且从给出的年数看，与《摩诃摩耶经》卷末说法相同，当是受其影响。[2]最后遗留的问题是，与罗什同时的慧远《大智论抄序》云“龙树接九百之运”，作者英译作“He lived during the ninth century [after nirvana]”（第 62 页），而没有意识到此说与僧叡学说及罗什其他作品的矛盾。其实这里的“九百”当是“阳九百六”的省称。

在讨论时代更晚的几种托名龙树的作品时，日本的材料还可以提供更丰富的信息。例如本书提到的《龙树菩萨眼论》，丹波康瀬《医心方》卷五与唐人王焘《外台秘要方》卷二一引“谢道人曰”文字相似。《外台秘要方》卷二一小注：“龙上道人撰，俗姓谢，住齐州，于西国胡僧处授。”[3]则更可以揭示此书成立的环境。

最后值得一提的是，若要考虑作品与印度祖师的联系，考虑所谓汉地撰述作品托名的问题，隋代的《法经录》和《历代三宝纪》格外值得重视。僧祐著录失译的作品往往在法经和费长房这里有了明确的作者，同时另一批失译作品被法经甄别为疑伪经。本书行文中附带提及的对《大庄严经论》的分析无疑是成功案例，但是研究的继续推进似乎还需要全面考虑法经、费长房的目录编纂原则。

1　最新的研究参见王晓燕《敦煌写本维摩诘经注疏研究》，首都师范大学博士论文，2016 年。

2 《摩诃摩耶经》卷二：“六百岁已，九十六种诸外道等邪见竞兴，破灭佛法。有一比丘名曰马鸣，善说法要，降伏一切诸外道辈。”(T12, no. 383, p. 1013, c5-8)

3　参见孙猛《日本国见在书目录详考》，上海：上海古籍出版社，2015 年，第 1772 页。

总体来说，本书所标榜的方法、立场颇为激进，文风稍嫌冗沓，但在具体问题的讨论中犹能谨守文献学的笃实作风。相信关心中古佛教史和中印文化交流的读者都能从中获得启发和收获。

唐代中层文士的三教观[1]

姚謽《三教不齐论》是一种日本传存的唐代佚籍，其内容是唐代地方文士对三教优劣的议论。此书是日本年轻一代佛教学者整理、研究该文献的结集，值得推介。

全书分为本文编和论文编，前者包含两个版本的影印和校订文本、训读和现代日语翻译，后者是课题组五位成员的六篇研究论文，从各自不同的研究领域对该文献的史料价值进行剖析。鉴于书末已经附录了中、英文摘要，本文的评介主要突出这一文献的发现过程和重要先行研究。

一、整理与研究概况

1.《三教不齐论》的发现经过

《三教不齐论》之所以重要，是因日本平安时代（9 世纪初）

1 评：藤井淳等编《最澄·空海将来〈三教不齐论〉の研究》，东京：国书刊行会，2016 年。

的入唐僧最澄《越州录》和空海《御请来目录》中都有著录，无撰者名氏。永超《东域传灯目录》（1108年献上）也著录了此书，可能是根据最澄的《越州录》。说明此书是在唐代中期成立的。近年日本陆续发现了三件写本，分别是诸桥文库本、石山寺本、西南院本。

（1）诸桥文库本

本书编者驹泽大学佛教学部准教授藤井淳有关三教交涉的研究中，最初从“全國漢籍データベース”[1]检出东京都立中央图书馆诸桥文库所藏本，内有“良応写　文久元年（1861）”题记。2009年藤井氏亲赴该图书馆调查写本，确认内容为唐代作品。

众所周知，诸桥文库的旧藏者诸桥辙次（1883—1982）是日本著名学者，曾编撰《大汉和辞典》。二战时为避空袭，诸桥与其他一些藏书家将贵重书籍交由东京都立图书馆保存。诸桥此前从某处购得《三教不齐论》（德岛县・千福寺旧藏），寄存在图书馆后，再未入手。1962年，东京都立日比谷图书馆编制诸桥文库目录，并未专列条目。2001年，“全國漢籍データベース”作成，始可检索。

（2）石山寺本

2010年1月，藤井在高野山大学密教文化研究所报告诸桥文库本，研究所参事田寺则彦调查发现石山寺也有《三教不齐论》写本。1984年，研究所调查写本时已经拍摄照片，并已刊

1　网址：http://kanji.zinbun.kyoto-u.ac.jp/kanseki

布于《石山寺の研究 校仓圣教·古文书篇》(京都：法藏馆，1981年)。该写本有“前卢州参军姚謽定三教论、其本甚脱错/大历九年三月廿八日/故之，大唐贞元廿年十一月六日写竟。台州临海悬龙兴寺北房，日本国求法僧最澄”尾题。2010年7月，藤井在石山寺文化财综合调查团协力下，亲自调查了石山寺本，并刊布了影印、翻刻本。[1]

(3)西南院本

高野山密教文化研究所田寺则彦在高野山的塔头寺院西南院发现了江户末期·嘉永五年(1852)的写本。

今存完本《三教不齐论》以石山寺本最古，室町时代·明応六年(1497)写；与江户末期高野山西南院本(1852)、诸桥文库本(1861)合计三本。高野山系统的两本都是江户中期·安永七年(1778)由高野山龙刚校定的祖本转写而来，石山寺本转抄的次数较少，因而可以保留与最澄有关的题记，格外珍贵。本书为西南院本和诸桥文库的影印，校订本则是以石山寺本为底本，以另外两本校勘。

2. 相关先行研究

从三个抄本的题记分析，江户末期高野山的学僧自当知晓《三教不齐论》的存在，但这件作品进入现代学术研究的视野，是从牧田谛亮先生开始的。牧田先生最早发现敦煌遗书S.5645

1 参见藤井淳《姚謽撰〈三教不齊論〉(石山寺所蔵)寫本の翻刻》,《高野山大學密教文化研究所紀要》二四號，2011年。

唐人刘晏的《三教不齐论》，认为此论即是最澄、空海目录中的同名作品；又进而注意到日本南北朝时期的文献《佛法和汉年代历》所引《定三教不齐论》佚文，认为是日本人根据江户初期·庆安三年（1650）刊行的《三教优劣传》改写伪托，所谓“弘法大师将来”乃后代的加笔。[1]现在研究已经表明《佛法和汉年代历》以及《三教指归勘注钞》所引佚文，与《三教不齐论》完全一致，牧田的假说不能成立。但牧田的研究翻刻了刘晏《三教不齐论》和《三教优劣传》，自有其价值。

3. 引文及接受

牧田先生注意到的两种日本佛教文献，《三教指归勘注钞》是藤原敦光（1062—1144）对空海所撰《三教指归》的注释；《佛法和汉年代历》是康永二年（1343）以降的作品，作者实信，生平不详，从引用体例分析，也属于真言宗系统的作品。这些佚文与今本也有微妙的出入，可资校勘。

牧田先生还注意到与《三教不齐论》相关的作品《三教优劣传》。此书江户初期庆安三年（1650）于京都刊行。是一部模仿《三教不齐论》的作品，甚至作者姓名都沿袭下来。然而前面加了“迪功郎前庐州录事参军”这一宋代官职，文中又引用了《宗镜录》，可知是宋代以降的作品。

江户初期的学问僧运敞（1614—1639）所撰《三教指归注

1　牧田谛亮的大多数相关研究，均已收入牧田諦亮《牧田諦亮著作集》，東京：大東出版社，1981年。

删补》序文中提到“赵宋姚謩论三教优劣”，应该知晓《三教优劣传》的存在，并将此论作者认为是宋代。对于空海请来的《三教不齐论》，运敞似乎误认为是法琳所撰。

以上就是《三教不齐论》和《三教优劣传》在日本被引用的大致情况。

4. 日本的流传及接受史

由此推测，空海请来的《三教不齐论》平安时代被藤原敦光所知，南北朝时代真言宗僧人亦尝运用。然而江户初期智山运敞已经不知此本存在。另一方面，传承路径不明，高野山在江户中期·安永七年（1778）制成定本，江户末期的写本由此衍出。

最澄将来的《三教不齐论》，只在永超《东域传灯目录》中有所体现，但在天台教学中不被重视，因此除石山寺本以外，是否有其他流传，在多大程度上被抄写，目前不明。藤井（2011）对石山寺本的书写过程做了推测。

二、研究论文要旨

藤井淳的论文《作为唐代宗教史结节点的姚謩〈三教不齐论〉》试图在唐代宗派的图景中对该作品思想特色做一定位，在全书中篇幅最长，颇有总括的意味。作者着墨最多的是《三教不齐论》（以下或简称《不齐论》）与天台教学的联系。隋唐天台宗的历史，从智顗以降到湛然，有一百年左右的沉寂期，这段时间史料记载极为有限。湛然注《摩诃止观》为《止观辅行传弘决》，成立于755—765年之间，晚于《三教不齐论》（该作品成立于724年之后不久，参见本书村田澪论文）。因此《三教不齐论》恰好处在《摩诃止观》和《传弘决》之间，属于最早受到《摩诃止观》影响的一批作品。

《摩诃止观》卷三上、卷五下分别提到佛教与老庄的关系。时代稍晚的法琳《辨正论》卷六有《十喻篇》也有逐条对比佛道优劣的内容，为湛然《传弘决》所重视。作者对《摩诃止观》、《辨正论》、《三教不齐论》、《传弘决》做了细致的比较，认为《不齐论》中频繁出现的"不齐"这一表达，为法琳所无，因此可能受到《摩诃止观》的直接影响。但《不齐论》中仅仅比较三教教祖的生平事迹，既不讨论教理内容，也不涉及同属道教的庄子等人，这与《摩诃止观》又有微妙差异。

这一比较又引出法琳作品在天台教学中的定位。首先《续高僧传·智顗传》云法琳为智顗作传，中西久味（2004）指出此事有误。作者主张应当积极地考虑法琳与天台教学的关系。《传弘决》注意到法琳的著作，并且最澄目录中有法琳《青溪山记》，可认为中唐期认为法琳属于天台系统。

法琳出身颍川陈氏，智顗及《法琳别传》序作者陈子良皆是颍川陈氏。《全唐文》卷903有法琳撰《法华三昧行事运想补助仪序》，中西久味指出这是荆溪湛然的作品，非法琳撰。作者则指出，也存在法琳为智顗作序，湛然将法琳序直接拿来的可能。

镰仓时代证真《止观私记》著录最澄撰《山家显佛灭后年代述记》，此书今佚，但可以推测最澄写作此书时必定参考了法琳《辨正论》。

考虑到《辨正论》在最澄、空海入唐以前已传至日本，作者推测，最澄入唐以前已经熟知《辨正论》和《摩诃止观》，在台州最先抄写了《三教不齐论》，或许是看重其与天台教学的关联；但最终却没有著录在与天台教学最为密切的《台州录》中，甚至也没有著录在《越州录》的天台文献部，只是与佛道论争等文献同帙，反映了最澄对《不齐论》性质判断的变化。

接下来，作者讨论了同时代作品《念佛镜》以及石刻造像铭、翻经序中涉及三教优劣的表达，又指出善导《般舟赞》、禅宗灯史《历代法宝记》等作品中普遍出现的“直至菩提”思想，这是对南北朝以来修行阶位体系的重大突破，在《不齐论》中也有体现。总之汇总这些同时期文献，有助于理解《三教不齐论》成立的思想背景。

最后，作者结合禅史的变迁，分析了《不齐论》佛法东传叙事的特点。在禅史的脉络中，8 世纪后期成立的《历代法宝记》呈现出许多特性。根据柳田圣山的研究，该书第一部分叙述教法流传以及佛传有关记载，第二部分是西天二十九代祖统，第三部分是初祖菩提达磨多罗至六祖慧能六代东土祖师事迹。一般认为第二部分受到天台智顗《摩诃止观》的影响，第三部分则来源于较早前北宗禅的祖统说，问题是开头第一部分，在9世纪以降的禅宗灯史《宝林传》等作品中没有继承。在叙述教法流传时，《历代法宝记》援引伪书《汉法本内传》，重视汉明帝感梦的传说。《三教不齐论》也是如此。

作者认为，这代表了一种微妙的动向，即从强调汉明感梦为佛法东传之始，到强调菩提达摩祖师西来作为佛法东传之始。这一转向的原因在于，随着佛道斗争的激烈化，佛道双方分别抛出三圣化遣说（宣称孔子、老聃是释迦弟子）和化胡说，竞相提前教主的诞生年代。佛教方面将佛陀诞生年代提前到周昭王时期；道教方面，六朝时期的道经《三天内解经》批评说："光武之子汉明帝者，自言梦见大人，长一丈余，体作金色。群臣解梦，言是佛真，而遣人入西国，写取佛经，因作佛图塔寺，遂布流中国。三道交错，于是人民杂乱，中外相混，各有攸尚。"于是汉明感梦的传统说法逐渐陈腐化了，最终被佛教徒抛弃。

唐代皇帝屡次颁布"道先佛后敕"，虽然唐代佛教徒起而抗议，本书柳幹康的论文指出，宋代改撰的《三教优劣传》削除了"道先佛后"的项目，这个问题的重要性被取消了。相应地，佛教抛出了以菩提达摩为佛法东传之始的崭新的历史观，其最典型的体现则是独孤及（726—777）所撰《舒州山谷寺三祖镜智禅师碑》。

村田澪的论文《姚䛒〈三教不齐论〉执笔的经过与三教论争中的位置》是对《三教不齐论》成立、构成和思想特色的简要介绍，建议读者先读。作者首先考证了作者姚䛒的生平。其人生平不见于传世文献，只能从作品的内证加以分析。卷首题名“前卢州参军”，在唐代可能指淮南道庐州（今安徽省合肥附近）或剑南道泸州（今四川省泸州市附近），前者是中州，后者是下都督府。参军是各州所属官吏，中州参军事正九品下，下都督府参军事从八品下，皆属于中下级。《不齐论》序论部分提到“诣阌乡拜扫”，可知其人出身于阌乡，属河南道虢州，今河南省西北部。

《三教不齐论》分为序论、目次、本论、结语、尾题几个部分，本论部分又包含：（1）三教不齐论 10 条；（2）佛道二教不齐论 3 条；（3）止道士毁佛论 4 条。据《不齐论》序论，开元十一年冬至次年春，姚氏相继在阌乡仙坛观听蒲州女官和陕州道士讲经，引起在座听众的争论，对三教之高下优劣意见纷纭。姚氏于是乃撰《三教不齐论》。因此《不齐论》之成立上限是开元十二年（724）。又石山寺本题记云大历九年（774），当为此论成立之最下限。从序论的记述考虑，《不齐论》之写作应该是在开元十二年讲经之后不久。

《三教不齐论》之立论特色，在于（1）三教内容明确化；（2）对儒道两教攻击性降低；（3）未见对老子和道教教义的否定，作者列举了相关段落加以分析。

文章最后分析了《不齐论》对空海《三教指归》序文的影响。据学者研究，空海入唐以前曾于延历十六年（797）撰《聋瞽指归》，后将序文和书末的诗文加以改作，改题《三教指归》。

先前序文和诗中对儒、道两教的批评到了《三教指归》中大为缓和，改作发生在空海归朝以后，即 820 年代，与空海入唐接受到的三教调和思潮有关。[1]

作者指出，《三教指归》序云，三教“虽浅深有隔，并皆圣说”，《三教不齐论》也说“三教俱是圣言”，不难察觉其间的影响之迹。

仓本尚德的论文《与法琳著作比较看〈三教不齐论〉的特征》首先勾稽地方史料，掘发出开元十二年虢州阌乡仙坛观三教论争的背景。唐代阌乡县治所，位于今河南省灵宝市西部，与陕西省毗邻，在当时是长安、洛阳两京交通干线上之要冲。查顺治和民国两次修订《阌乡县志》可知，该地有黄天原，因太上老君下降而得名。又有祥符观，内存玄宗御书《道德经碑》。以此为线索，结合《宋史·柴通玄传》、晚唐杜光庭《历代崇道记》等记载，可知该观先为隋代别宫，唐咸亨中改轩游宫，又改奉仙观、承天观，最终命名祥符观。其中最著名的事迹是武后称帝前夕封诸武为王，传说太上老君降临加以警戒，于是舍行宫为道观。开元十二年，玄宗幸东都，次年登泰山封禅，归途中亲至此地，挥毫书写《道德经》上石。作者指出，《不齐论》中涉及道教，改变了六朝时期以元始天尊为最高神的传统，而强调老子，与玄宗一连串的尊崇老子政策密切相关。

1　参见松長有慶《空海の生涯・思想と三教指帰》，福永光司訳《空海》，東京：中央公論社，第 1—27 頁；加地伸行《空海と中國思想と——〈指帰〉両序をめぐって》，《中國思想から見た日本思想史研究》，東京：吉川弘文館，1985 年，第 69—96 頁。

之后，作者又分析了《不齐论》序论部分三教比较的立场，并在精查《不齐论》中所引典据的基础上，指出姚謽与法琳立场的不同。得出的结论已见于前引藤井氏论文。

池田将则的论文《刘晏述〈三教不齐论〉再检讨》重新回顾了牧田谛亮系列论文的贡献与局限。牧田先生研究的主要贡献已见前文，现在看来主要的失误在于两点：一是认为最澄、空海将来之《三教不齐论》是刘晏所做；二是将敦煌本作者题名的刘晏比定为肃、代两朝政治人物，对论旨做了错误的解说。张文良指出，刘晏《三教不齐论》的内容是强调佛教对儒家伦理的超越性，与标题不合。但对于作者的认定，他继承了牧田的说法，认为是针对玄宗开元二年（714）“令僧尼道士女冠拜父母敕”所上的表文。作者则指出，既然缺少证据将刘晏比定为肃、代时期的功臣，敦煌本《三教不齐论》的文、题也存在不一致的现象，将刘晏和姚謽的两部同题作品加以比较是不妥当的。

载有《三教不齐论》的敦煌遗书 S. 5645，装帧形式为册子本，首尾残缺，主体由 9 种文献构成。①《礼赞文》—⑦《小乘录》连写，⑦与⑧《三教不齐论》之间是否连写不明；⑨《司马头陀地脉诀》另起一页，似乎是后来缀合的。分析其内容，①—⑥都是佛教仪式上读诵的文本，牧田谛亮指出，⑦《小乘录》的异本又见 P. 2722《法王记》，从其中“至今唐咸通十年（869）己丑之岁”推断，整件写本书写于该年之后。这部分内容与《三教不齐论》连写，护教意味比较明显。⑨《司马头陀地脉诀》据研究，是体现“形派风水”初期思想的文献，该文献的第四段涉及寺院风水的选择，或许是与之前佛教文献连缀的原因。

现存刘晏述《三教不齐论》的内容分为三段：第一段比较儒、佛两教教义和孔子、世尊的事迹，论证佛教的优越性；第二段论证僧尼拜君亲之无益。第三段是结论。作者给出了日语译文和注释。[1]

对比发现，刘晏述《三教不齐论》与窦德玄、张仙寿议状，郑钦泰、秦怀恪议状两件作品有较多平行文句。两状都是唐高宗龙朔二年（662）“命有司议沙门等致拜君亲敕”颁布之际提出的，刘晏之作与两状成立年代先后不详，作者推测也是性质相近的奏议，而非论体。那么，敦煌本题“三教不齐论 刘晏述”又该如何理解呢？一种解读是认为今存文字是附录在本论之后的“议”，而论文本身没有抄录在写本上。这样解读的难点在于，写本其他部分均为首题，唯此是尾题。另一种解读是，今存文字与尾题全不相干，也就是说，写本抄录了撰人不明的“议”，以及仅仅保存了撰人、题名的刘晏述《三教不齐论》。这样解读的难点在于，写本其他部分题目均另起一行，前空一至两格。但此处题目是接着书写。这个问题尚无完满的解释。

文章的最后，附录了写本第 7 段《小乘录》（S.5645）和另一个异本《法王记》（P. 2722v）的录文和笺注。

1 比较方便易寻的国内录文，参见陈尚君《全唐文补编》卷五一，北京：中华书局，2005 年，第 614—615 页。

柳幹康的论文《〈三教不齐论〉与〈三教优劣传〉》关注牧田氏研究中提及的另一部作品《三教优劣传》。《三教优劣传》是以《不齐论》加以改写而成，成立年代上限是北宋政和（1111—1118）末年。牧田氏注意到，该书尾题有“迪功郎”职衔，此官职设立年代为北宋政和年间。作者则指出，现存江户初期·庆安三年（1650）刊本有“比丘普如谨助壹伯阡工刊，在灵隐可庵惠昭印行”题记。可能曾在中国刊行，也不排除日本编纂的可能。

《三教优劣传》对《不齐论》的改动主要有:（1）加入了“如来住世殊胜”等三条论述;（2）对道士毁谤佛教的批判减少;（3）加入了引用书目，其中最值得注意的是永明延寿的《宗镜录》。其实《优劣传》本文并无直接引用《宗镜录》，而书目以此冠首，这是受到北宋初期佛教学术风气的影响。作者研究《宗镜录》的专著曾指出，《宗镜录》为融合诸宗的宋代佛教提供了理论基础。（4）《不齐论》有称佛为“伽耶”者，《优劣传》改为“佛”、“世尊”，行文更加简易。

接下来，作者对“如来住世殊胜”三条的典据进行了逐一精查，认为以佛母摩耶夫人为主线串连起佛陀一生事迹，突出了佛教对儒、道两教的优越性。最后，作者认为，《优劣传》继承《不齐论》，强调三教差异以及佛教的优越性，是宋代以降三教调和思潮中的异数。

藤井淳的第二篇论文《最澄·空海请来姚謽撰〈三教不齐论〉所得知见》重新检讨了入唐目录的性质，论旨已见该书提要。其中最重要的问题是，既然《不齐论》是最澄在台州抄写，被收入《越州录》，则《越州录》的收录范围其实是《台州录》编好以后陆续在各处搜集的书籍，并非仅限于越州一地。空海从长安归国，曾在越州短暂停留。作者推测此时或许见过最澄的《越州录》，以此为索引搜集书籍。最澄携归的典籍保存在比叡山御经藏，由《御经藏宝物圣教目录》可以获知其收藏位置。直到元龟二年（1571）织田信长征讨比叡山以前，经藏保存完好。空海携归的典籍在室町时代，汇入石山寺以及东寺、醍醐寺等真言宗寺院，彼两处寺院是否还有《三教不齐论》的副本，尚待进一步调查。

三、简评

通读本书，感到日本学者的研究有两个突出特点值得提出。首先是文本典据的精查，不仅仅限于行文典故、字义的笺释，更重要的是对平行文本的比对。通过比对，自然容易在文献的细节里了解思想的源流和变迁。此外，日本佛教学界对隋唐各宗派文献的先行研究颇为深入，姚晉《三教不齐论》这一新出文献的整理与研究，很大程度上建立在牧田谛亮研究的基础上。此外举凡天台、禅宗、净土、密教诸宗，都有相当深厚的积累，研究者利用先行研究，可以比较方便地找到新文献的定位。

然而这也带来一个问题，也是欧美和国内学者经常诟病的，宗派图景是否给理解唐代佛教思想带来一些遮蔽。具体到本书，如何理解法琳与天台教学的关系似乎还有商榷的余地。中西久味氏的研究既已澄清了法琳撰智者大师传及《法华三昧行事运想补助仪序》作者归属问题，根据最澄著录《青溪山记》等材料仍然希望将法琳纳入最澄理解的天台宗谱系，在我看来有些牵强。例如《法华三昧补助仪》的作者，《台州录》、《佛祖统纪》等书都著录为湛然作，只有清代《全唐文》题法琳，很难认为是法琳作品。法琳作品之被最澄重视，最重要的原因应该也是由于其所在青溪山是唐代前期天台宗的传教中心。值得思考的问题是，法琳《辨正论》和灌顶编集《摩诃止观》都以逐条罗列的方式比较佛道优劣，是否有互相影响的可能，或者共同的思想来源？

观察中古时期三教论衡的变化，最为激烈的化遣说最先被排斥，三教优劣的讨论旷日持久，逐渐温和，最终走向三教调和，其中都有世俗皇权的参与。本书几次提到高宗、武后到玄宗开元年间的僧尼拜君亲敕、佛道先后敕，其与《三教不齐论》这类地方知识精英所撰思想文献之间的联系还有待深入研究。仓本氏的论文所揭示的玄宗临幸奉仙观这一背景，对观察唐代中央与地方三教关系的连动性，尤具启发意义。

最后，笔者之所以关注此论，是由于近年研究法灭问题，涉及佛陀生灭年代的推算。在此从先前研究所得，略陈管见。中古时期的佛诞年代，影响最大的是周庄王十年和昭王二十四年两说，前者的依据是《瑞应本起经》和《春秋左氏传》，流行于南朝和隋代。后者则据伪书《周书异记》，初唐以后渐成主流，此说主要的创造者就是法琳。[1]两种学说之外还有其他推算结果，昭王说取代庄王说也有一个相对漫长的过程。《三教不齐论》止道士毁佛论4条的第一条“止化胡成佛谤”，引用《周书异记》将佛诞定在昭王二十四年。然而开元时代还有其他说法，例如《弘决外典钞》所引《年代略记》，乃据灵实所撰《年代历》，将佛诞定在昭王二十六年。灵实生平不详，从日本保存的《圣武天皇宸翰杂集》所抄《镜中释灵实集》中的线索推断，大概是开元时期活跃在越州镜湖一带的僧人。开元十九年（731）成立的《摩尼光佛教法仪略》也有对佛诞年代的不同推算。以此为背景观察《三教不齐论》的学说，再次体现出对法琳思想的继承性。

与此相关的一件作品是池田氏论文附录收录的《小乘录》。作者举出P. 2722v作为校勘本，查落合俊典所编目录，尚有P. 3376《法王本记东流传录》。

1　参见拙文《辨常星之夜落——中古佛历推算的学说及解释技艺》，《文史》2018年第4期。刘屹《穆王五十二年佛灭说的形成》，未刊稿。

《印度佛教史》校译琐记

欣闻后浪出版社要引进平川彰著《印度佛教史》，我之前曾对照过几处，发现庄昆木先生的译本有些错误，趁着这次修订的机会，曾参与校译一过。这里简单交待此书之前的几种译本。

一

平川彰《インド仏教史》，东京：春秋社，1974—1979 年。

原著上册是 1974 年出版，下册是在 1979 年，时隔 5 年。我手里有 2011 年新一版。北京大学中国古代史研究中心陆扬老师有一篇介绍，题为《介绍印度佛教史的入门书》，对此书做了高度评价。我正是由这篇文字接触到这本书。陆老师说："在印度佛教研究的各大领域内都有突破性贡献。所以全世界都没有比他更合适写通史性的著作了。"其实从后来出版的《平川彰著作集》和此书给出的参考资料可以知道，平川氏的研究真正有心得的是在原始佛教到大乘佛教的早期。论述大乘起源的英文文章是1963发表的（“The rise of Mahayana Buddhism and its relationship to the worship of stupas”, *Memoirs of the Research Department of the Toyo Bunko*, Toyo Bunko.），《初期大乗仏教の研究》出版是在1968年，《印度佛教史》第三章的第2、3两节就是根据此书改编的。为了论证大乘佛教与部派的关系，以及佛塔信仰的居士属性，平川佛教的重心始终在戒律。晚年的大作《二百五十戒の研究》无疑是《律藏の研究》的深化，他得出的结论是二百五十戒中的大部分戒条，都是部派分裂以前的产物，甚至可以追溯到佛陀时代，这样就为原始佛教教团史的讨论奠定了文献的基础。而对于中晚期的大乘佛教以及密教，他的知识是有所欠缺的。下册末尾有一篇《后记》，说这两章的内容上册出版的同时已经脱稿，但“为杂事所迫而未完成”，这是指日本60年代末风起云涌的学生运动，平川担任校务维持工作。此外他还坦言印度佛教逻辑学的新材料、新进展无法充分掌握的遗憾。

二

A History of Indian Buddhism, translated and edited by Paul Groner, University of Hawaii Press, 1990.

Paul Groner 的英译本，只翻译了上册，而且重新编辑，将原来的三章若干小节分成了 18 章。后附参考书目，在原作者给出的文献以外，又补充了西文的相关研究。

三

显如法师、李凤媚译《印度佛教史》，2001 年。

此本出版信息不详，网上有电子版，前面有个说明：

> 平川彰著《印度佛教史 上卷》，由显如法师（一九四九—一九九八年）翻译，以“显证”的笔名，于一九七九年一月起，在《净觉杂志》连载四十五期。他往生之后，善友们着手整理他的遗作时，才惊觉这部译作已被遗忘，尚未编辑成书。编辑部取得该书手稿，并向台南妙心寺“中华佛教百科文献基金会佛学资料中心”请求影印《净觉杂志》的连载文稿，请新竹法华寺地观法师以计算机作业来扫描文稿，节省重新打字的费时费力。再商请李凤媚小姐对照日文原书，校正错误并补足略译的部分，历时约一年多。

末尾的日期是 2001 年 3 月于嘉义新雨道场。显如法师是嘉义人，网上能找到一些资料，知其人早年接触印顺法师的作品，学习佛教。1979 年留学美国，在威斯康辛大学攻读博士期间，患鼻咽癌去世。杂志上连载的版本和嘉义新雨道场出版的李凤媚居士校订本都没有见过，只有网络上流传的 pdf。这个译本也不是全译，和英译本一样，只有上册。序文里还说，佛光出版社即将推出上、下册完整版，但笔者并未得见。

四

庄昆木译《印度佛教史》，台北：商周出版社，2002 年。

我手里有 2006 年再版，也有电子版。我曾经致信法鼓文理学院校长惠敏法师，庄先生曾经留学东京大学印度哲学研究所，后在灵鹫山出家，法号大田。这是本书第一个全译本，书首有译者序，针对平川《后记》所说新资料不能充分掌握的情况，介绍了若干种工具书目录，算是稍稍弥补了原书的缺憾。译者序还说：

> 本译作中，注释及参考书目中的日本人名、书名与文章名，均用日本的汉字系统，且书名与文章名也保留原文，以便读者查询，而年代则统一以西元记年。原书上册的梵文等有不明处，间或参考英译本（*A History of Indian Buddhism, From Śākya to Early Mahāyāna,* Paul Groner

tran.,University of Hawaii Press, 1990）添入，皆为便于读者理解，不一一注明。

所谓“梵文不明”，是由于日文原著有用片假名标示梵文标题的情况，中译者有时候直接给出汉译，括注梵文。不过这种处理难免疏漏，校译时发现了几处。

五

显如法师、李凤媚、庄昆木译《印度佛教史》，贵阳：贵州大学出版社，2013 年。

这是大陆比较易得的引进版本，没有原版的出版信息，亦无序言。对了一下才发现，原来是上册用显如法师的译本，下册用庄昆木的译本拼合而成。排版的错误也比较多。

这次计划引进的是庄昆木的译本。校译的工作方法是先通读庄译本，遇到不通顺的地方去查日文原文。前三章，也就是日文的第一册，有英译和另一个汉译本可以参考，后两章特别是第四章，尤其感到困难，几乎是啃下来的。由于我不会梵文，一些关键的单词如果和我印象中常见的转写不一致，或者前后不一致才去查，个别的单词请教了和我一起在敦煌挂职的张远博士。但藏文我完全不懂，所以完全没有看出问题。我的义理修养也很薄弱，一些粗浅的教理还能凭上下文看出问题，后期大乘佛教，中观派和逻辑学，读下来也没有懂。为了不出大错，凡是讲比较高深的义理的部份，基本逐字对照过。

总结起来，这书翻译的问题大致有如下几类：

1. 漏译：这最严重，似乎多数属于串行，造成前后文意不连贯。

2. 理解错误：肯定、否定；施受关系弄反；指代的对象等等。

3. 译名：可能是台湾与大陆译法不同，比如桑奇大塔，译作山齐。这个都没改。但是前后不统一的要改。

4. 排印错误：举不胜举。

5. 文体问题。

对于陆扬老师评价庄译本说：

> 庄先生的佛教学学养看得出来非常好，翻译的工作又做得认真，所以中文读起来总的感觉很精确通顺。但如果一定要苛刻地提点意见的话，那么我觉得有些涉及佛教义理的段落会让不熟悉佛教术语的人产生理解上的困难，这主要是因为中文写作佛教研究的学术习惯所引起的。用中文来翻译包括日语在内的外文的佛教研究常常要迁就中国佛教中已有的术语和表述，这从学术上讲似乎是天经地义的，但却会产生一层隔膜，比如平川用现代日文翻译出来

的佛典里的语句，到了中文里就不得不还原成古代汉译佛典里的原文，但涉及到义理的那些古代汉译佛典语句往往并不好懂，读者如果没有受过这方面的训练会有理解上的困难。这当然不是译者的问题，而似乎是中国佛教悠久而丰富的传统在现代所造成的学术包袱，我也不知道如何妥善解决，只能先提出来引起注意。

这次校译对这两点都有些体会。总体感觉庄译比显如法师的翻译更加规行矩步，尽量贴着日文的语法走。比如一些常用的表达“なければならない”，尽可以译为“必须”，“一定”，但在庄先生的译本里非常整齐地用了“非……不可”的句式。这种硬译只要不造成理解上的混乱，自有它的好处。另外一点是译语的平易与古雅，日文原著的腰封上明确说这是一本“即使初学者也可以容易地通读下来，解说平易、明快的印度佛教通史”，是希望初学者也可以轻松地通读，日本的许多佛典项目都是本着这样的目的，因此翻译都采用现代日语，而非训读。英文甚至对此还不满意，De Jong 的《欧美佛教研究小史》修订版的结尾展望里谈到，日文的佛学著作在关键概念上沿用汉语的表达，使初学者无法透彻地了解这些概念的意涵。这样看起来，中文的传统最保守。不知道出于什么原因，汉语的解说往往特别晦涩。庄译本即体现了这种追求，比如日文非常平常的“分かる”，英译 understand，中译成为“了知”，“見る”，英译 watch，see，中译成了“谛观”，我觉得这是人为地增加理解的困难，且与原书宗旨相悖。但译者风格如此，校译的时候也没有太多改动。

最后还要说明的是，我本人只参与了校译的前期工作，出版社方面还聘请了日语专业人士做了大量细致的改订。作为一个中国佛教史的研究者和佛教的初学者，我时时拿着平川先生这本厚书的复印本，反复查阅。现在国内终于有了引进的新版，我愿意将此书郑重推荐给对佛教感兴趣的朋友。

《续高僧传》点校本指瑕

2014 年我曾经计划自己整理《续高僧传》，殊不知学界早有人从事于此。同年中华书局出版了郭绍林先生的点校本，后又得知陕西师大苏小华老师也在整理。此书文本形态变动剧烈，需要参考各种刊本大藏经和日本古抄本才能理解透彻，日本国际佛教学大学院大学的池丽梅老师自然是研究此书最大权威。眼下苏老师的新本即将问世，池老师研究道宣与《续高僧传》的专著亦已杀青，值得期待。

我在中华点校本出版以后，2015 年暑假通读了《续高僧传》传记部分，此后又围绕真谛、慧光、智藏、宝唱等人的传记写过一些论文。2016—2017 年，我陆续关注到费长房《历代三宝纪》，肥田路美先生译注的《集神州三宝感通录》，学诚法师团队标点、科分的《四分律删繁补阙行事钞》，以及曹凌、李猛等学友关于唐初佛道论争的研究，特别是法琳的作品和《集古今佛道论衡》，这些成果都加深了对《续高僧传》内容的理解，成为《续传》之扶翼。

在阅读和研究过程中也发现中华点校本问题较多，即使初次点校如此篇幅的作品，困难较大，错误率也似乎多了一点。感觉点校者更熟悉正史等世俗史书，校勘记中做了许多有益的考证，但对佛教典籍和名相相对陌生。知见所及，只有孙齐兄曾写过若干札记，指出点校的失误，发在豆瓣网上。有些条目涉及史实的考证，已不是文本校勘的范围。

这里先列点校本的文字，提出修改意见，加简单的案语。凡孙齐已经指出的，简略标注。有些文字根据史实应当校改或者疑误的，没有版本支持不轻易改字，加案语说明。

中华点校本的底本是碛砂藏，校勘本是金藏、高丽藏等，还拿到了日本兴圣寺古抄本。这是以实见原则汇校众本，而以实见最早版本为底本。如果从大藏经版本系统考虑，池丽梅老师建议以宋思溪藏本做底本，此下碛砂、普宁、明清诸本，就都只有文字出入，而结构相对稳定。另外一个问题是，CBETA是根据《大正藏》电子化而成，《大正藏》底本是根据东京增上寺所藏高丽再雕本排印，高丽再雕本在韩国出版了洋装本。现在看来，CBETA=《大正藏》=高丽再雕本只是理论上如此，其中每一个等号都有差误。我没有逐字检核，现有条件下，只能在阅读中觉察问题。最后，高丽藏有初雕、再雕之分，初雕本2010年始有电子版公开。初雕和再雕的差异是巨大的。关于刊本大藏经的历史和此书的版本形态的变化，请参见池丽梅老师的论文《〈续高僧传〉的文本演变——七至十三世纪》。[1]

上册

第19页：真谛远闻，行化仪，轨圣贤，搜选名匠，惠益氓品。《真谛传》

改：远闻行化，仪轨圣贤

第36页：凡前后所译经论一十五部八十余卷，即《菩萨见实》、《月藏》、《日藏》、《法胜》、《毗昙》等是也。《那连提黎耶舍传》

改：《法胜毗昙》

案：《历代三宝纪》卷九：《法胜阿毗昙论》七卷，耶舍译。即法胜所造《阿毗昙心论》（T no. 1551）

第39页：有齐僧宝暹、道邃、僧昙等十人……《阇那崛多传》

改：有齐僧

第40页：昔支昙、罗什等所出《大集》，卷轴多以三十成部。《阇那崛多传》

改：支、昙

案：《历代三宝纪》卷九："《大方等大集经》三十一卷（第三出，与汉世支谶所出二十七卷，秦世罗什所出三十卷，广略小

1 《汉语佛学评论》第四辑，上海古籍出版社，2014年，第224—268页。

殊。)”支，支娄迦谶；昙，昙无谶。

第65页：受具已后，便学律藏，博通戒网，心乐禅思。又随胜德，修习定业。《波颇传》

改：又随胜德

第77页：又于《冬日普光寺卧疾，值雪简诸旧游》诗曰：“卧痾苦留滞，辟户望遥天。寒云舒复卷，落雪断还连。凝华照书阁，飞素婉琴弦。回飘《洛神赋》，皎映齐纨篇。萦阶如鹤舞，拂树似花鲜。徒赏丰年瑞，沈忧终自怜。”于是帝朝宰贵赵公、燕公以下名臣和系将百许首。中书舍人李义府，文苑之英秀者也，美之不已，为诗序云：“由斯声唱更高，玄儒属目，翰林文士推承冠绝。竞述新制，请擿瑕累。”《慧净传》

改：又于冬日普光寺卧疾值雪，简诸旧游，诗曰：……皎映《齐纨篇》……美之不已，为诗序云。由斯声唱更高……

案：班婕妤《怨歌行》：“新裂齐纨素，皎洁若冰雪。”此以《齐纨篇》代指，和《洛神赋》“所流风之回雪”相对。又“云”字表示省略，传闻之辞。后“由斯声唱更高”并非序文。

第145页：顷之而《大明》、《成论》，誉美州乡。《法申传》

改：大明《成论》

案：此指《成实论》。

第 155 页：时竟陵王世子萧昭胄出守会稽，要旻共往，征虏别之。旻曰："吾止讲席相识，未尝修诣。闻其得郡，便狼狈远别，意所不欲。"众因是亦止。《僧旻传》

改：时竟陵王世子萧昭胄出守会稽，要旻共往征虏别之。旻曰："吾止讲席相识，未尝修诣。闻其得郡，便狼狈远别，意所不欲。"众因是亦止。

案："要"字前宋·元·明·宫诸本皆有"有"字，全句意思是萧昭胄作会稽郡守，有僧人邀请僧旻一起到建康郊外的征虏亭为昭胄饯行。若案点校者的断句，则是昭胄邀请僧旻同去会稽。这样一来"征虏别之"没有着落，从僧旻的答语来看也不是这样。南朝东行，多在征虏亭相送。【孙齐】

第 158 页：以大通八年二月一日清旦卒。《僧旻传》

案：大通仅三年，中大通有六年。疑为普通八年（527）。【孙齐】

第 168 页：善《涅槃》大小品，尤精《法华》、《阿毗昙心》。《法令传》

改：《涅槃》、《大、小品》

案：《大品般若经》、《小品般若经》

第 169 页：以泰初六年敕住兴皇寺。《智藏传》

案：泰始六年（470）【孙齐】

第 170 页：贫道昔为吴中顾郎，尚不惭御榻。况复乃祖定光金轮，释子也。《智藏传》

改：乃祖定光，金轮释子也。

案：这段的语境是智藏登梁武帝御榻，被臣下喝止，于是撂下一句狠话。是说贫僧我出家之前在吴郡也是名门顾氏，登御榻也够资格。现在爷爷是定光佛，爸爸是释迦牟尼佛。道安规定僧人以释为姓，则僧人是释迦之子。定光授记释迦佛，所以说乃祖定光。金轮是释迦佛所具轮王七宝之一。宋代佛书对这句有些改写或解释，比如《北山录·讥异说》："况复乃祖定光金轮之释子也。"慧宝注："乃，我也，我乃定光如来之子孙也。"《佛祖统纪》卷三七："藏曰：'贫道定光金轮之裔，宁愧此座？'"都不是很到位。我之前写过文章比对过宋代史书对《续高僧传·智藏传》的改写，那时的人好像已经很难读懂道宣了。

第 170 页：逮梁大同中敬重三宝，利动昏心，浇波之俦肆情，下达僧正，宪网无施于过门。帝欲自御僧官，维任法侣。《智藏传》

改：浇波之俦，肆情下达，僧正宪网，无施于过门。

案：那群浅薄的人，按照自己的心意下达执行诏命，使得僧人犯过错时，僧正和法律的约束无法推行。【孙齐】

第 171 页：敕主书遍令，许者署名。《智藏传》

改：敕主书遍令许者署名。

案：【孙齐】

第174页：凡讲大小品《涅槃》、《般若》、《法华》、《十地》、《金光明》、《成实》、《百论》、《阿毗昙心》等……《智藏传》

改：《大、小品》、《涅槃》……

案：同第168页。《涅槃经》无大小品，但此处《大、小品》指《般若经》，又与下文重复。存疑。

第183页：瑜曰："菩萨出世……"《慧约传》

改：瑜曰

第183页：少傅沈约隆昌中外，任携与同行。《慧约传》

改：少傅沈约隆昌中外任，携与同行。

案：【孙齐】

第187页：内外经籍，具陶文理，而于四论佛性，弥所穷研。《昙峦传》

改：四论、《佛性》

案：《中论》、《百论》、《十二门论》、《大智度论》合称"四论"，又有《佛性论》，皆北朝佛学之要籍。

第192页：奄然而卒，春秋五十，即天监七年七月三日也。《慧韶传》

案：此云慧韶卒于天监七年（508）。前文叙及"藏公迁化"，在普通三年（522），又及"梁武陵王出镇庸蜀"，事在大同三年

（537）。疑纪年有误。【孙齐】諏訪義純认为慧韶卒年当为大同七年（541），参见《中国南朝仏教史の研究》第226页注23。

第197页：时旻法师住灵基寺，值旻东讲，因共听沙门法珍《成论》。至灭谛，初闻三心灭无先后。超曰："斯之言悟，非吾师也？"《道超传》

改：斯之言悟，非吾师也。

案："悟"字，碛砂·元·明诸本作"误/悮"。《成实论》卷一一《立假名品》："问曰：'云何灭此三心？'答曰：'假名心或以多闻因缘智灭，或以思惟因缘智灭。法心在暖等法中以空智灭。空心入灭尽定灭。若入无余泥洹，断相续时灭。"是知此三心要分别在不同的修行阶位中断除，道超不会肯定法珍的说法，因此说"非吾师也"。按照点校者的标点，则成了反问句。

第208页：乃广写义疏，贵市王征南尚书，缄封一簏，有意西归。同寺慧济谑之曰："昔谢氏青箱不至，不得作文章；今卿白簏未来，判无讲理。"《宝渊传》

改：贵市王征南书

案：王征南，《南齐书》卷三三《王僧虔传》："其年冬，迁持节、都督湘州诸军事、征南将军、湘州刺史，侍中如故。"王僧虔善书，此处的意思应当是宝渊在建康高价购求王僧虔的法书，也有可能是藏书。丽·金藏有"尚"字，不通。【孙齐】

白簏未来，CBETA据《大正藏》录为"白尘未来"。今查高丽再雕本作“篦”不误。又，高丽初雕本此处文字欠落，整整脱略了《宝渊传》后半、《僧询传》全部和《惠超传》前半的文字。

第 214 页：以天监十二年四月十七日，移神大宝精舍，春秋七十有九。《僧迁传》

改：天保十二年

案：碛砂·宋·元·明本作“天保”，宫本作“俱”，点校者据丽本、金藏改为天监，认为天保是北齐年号，本传是萧梁僧传。没有考虑天保也是后梁年号，传主是后梁大僧正，怎么会天监年间就去世？天保十二年，公元 573 年。后文说：“等观即梁明帝之法名也，自云：北面归依，时移三纪。权经问道，十有三年。”梁明帝萧岿（542—585），年代有些太晚。我猜测这段引文可能是明帝回忆先帝归依、问道，道宣搞错了。【孙齐】

第 230 页：上黄 侯晔分竹此邦，每深尊敬，情兼师友。《宝琼传》

改：上黄侯 晔分竹此邦，每深尊敬，情兼师友。

案：上黄侯萧晔，始兴王萧憺之子，见《南史》卷五二本传。

第 235 页：会外国三藏真谛法师解该大小，行摄自他，一遇欣然，与共谈论。谛叹曰：“吾游国多矣，罕值斯人。”仍停豫都，为翻新《金光明》并《惟识论》及《涅槃》、《中》、《百句》、《长解脱十四音》等。《警韶传》

改：《涅槃》中百句长解脱、十四音等。

案：百句长解脱，出南本《大般涅槃经·四相品》。十四音，出南本《大般涅槃经·文字品》。智顗《金光明经玄义》卷二："真谛三藏云：法身摄《华严》，《华严》以法身为体故；报身摄《般若》，《般若》明智慧故；应身摄《涅槃》，《涅槃》明百句解脱、四德等故。此是彼师明帝王统摄之义。"真谛认为《金光明经》题中有"帝王"之义，所谓"经王"在于统摄法身、报身、应身。相应地对《涅槃经》的理解，则重视《四相品》中的百句解脱。再看《历代三宝纪》卷九的记载："其梵本《华严》、《涅槃》、《金光明》将来建康已外，多在岭南广州制旨、王园二寺"，便有着落。

第 258 页：故京师语曰："凭师法相上公，文句一代希宝。"斯言信矣。《道凭传》

改：凭师法相，上公文句，一代希宝。

案：《大正藏》断句误，点校者从之。

第 262 页：及齐破法湮，僧不及山寺。《法上传》

案：孙齐主张改为"及齐破法湮僧，不及山寺"。【孙齐】此处宋·元·明·宫·碛砂诸本无"僧"字，当从。北齐亡破，佛法湮灭。如果改为"齐破法湮僧"，则"齐"是主语，实则灭法者乃北周占领军。

第 265 页：故每讲下座，必合掌忏悔云："佛意难知，岂凡夫所

测。今所说者，传受先师，未敢专，辄乞大众于斯法义若是若非，布施欢喜。”《僧妙传》

改：未敢专辄，乞大众……

案：专辄，专断之意，南北朝之常语。《大正藏》断句不误。

第 310 页：寻授章本，及以《千文》，不盈晦朔，书诵俱了。《灵裕传》

改：及以千文

案：是说传授章疏、经本，每天有一千字之多，一月之间便能书写背诵。与《千字文》无关。

第 346 页：乃与宗、恺、准、韵诸师俱值真谛，受《摄大乘》、《唯识》等论，《金鼓》、《光明》等经。《慧旷传》

改：《金鼓光明》等经

案：信相菩萨梦见金鼓，有忏悔偈，见《金光明经·忏悔品》。并非别有《金鼓经》。

第 371 页：沙门道猷、智洪、晃觉、散魏等，并称席中杞梓，慧苑琳琅。念顾眄从之，成名猷上，皆博通玄极，堪为物依。《志念传》

改：成名猷上

案：点校者似联系上文，以为“猷上”即指道猷和尚。观文意，似乎是形容词。也有理解是说志念成名在道猷之上，但也比较奇怪。我的理解是猷、上，都是形容词。但类似的用例没找到。存疑。

中册

第 431 页：释慧因，俗姓于氏，吴郡海盐人也，晋太常宝之后胤。《慧因传》

案：诸本皆作“于”，当作“干”，干宝之后。

第 442 页：且生得为人，启期亡忧于贫贱；出家弘道，僧度不易于公侯。《海顺传》

改：且生得为人，启期亡忧于贫贱；出家弘道，僧度不易于公侯。

案：启期，荣启期。僧度见《高僧传》卷四《竺僧度传》，有“披袈裟振锡杖，饮清流咏波若，虽公王之服八珍之饍，铿锵之声，暐晔之色，不与易也”之语。

第 445 页：顺乃重说《遗教》，悲叹无已。《海顺传》

改：重说遗教

案：与《遗教经》无关。

第 448 页：虽广融经论，而以大衍著名。《神迥传》

改：以“大衍”著名

案：此处是说神迥出家以前之外学，以宣说王弼“大衍义”著名。加引号比较好。

第 454 页：果于广州显明寺获《俱舍疏》本并十八部论记。《道岳传》

改：《十八部论记》

案：真谛译《部异执论》一卷，即《异部宗轮论》之异译本，经录错乱，又称《十八部论》。又有《十八部论疏》十卷，即是《部异执论》之疏，见《历代三宝纪》卷九、卷十一。下页提及道岳所撰《十八部论疏》，也应加书名号，非泛指。

第 455 页：会贞观中广延两教，时黄巾刘进喜创开《老子》。通诸论道，岳乃问以“道生一二”，征据前后，遂杜默焉。《道岳传》

改：时黄巾刘进喜创开《老子通诸论》，道岳乃问……

案：【孙齐】《新唐书》卷五九《艺文志》有刘进喜《老子通诸论》一卷。此论内容不详，不知“通诸”何解。

第 462 页：忽遇斯际，即往从之，听仰《迦延读婆沙论》。《道杰传》

改：听仰迦延，读《婆沙论》。

案：《阿毗达磨大毗婆沙论》，迦旃延所作。

第 468 页：时有祭江道士冯善英……《玄续传》

案：“祭江”不通，当作“祭酒”。【孙齐】

第 479 页：与夫般若台内，匡俗山阴，共誓同期，何以异也？《智琰传》

案：此用慧远典故，《高僧传》卷六《慧远传》："乃延命同志息心贞信之士百有二十三人，集于庐山之阴般若台精舍阿弥陀像前。"尝疑"匡俗"为"匡庐"之误。《庐山记》："庐山有匡俗先生者，出自殷周之际，遁世隐时，潜居其下。或云俗受道仙人，共游此山，遂托空崖，即岩成馆。故时人谓其所止为神仙之庐，因以名山焉。"匡俗山即庐山。[1]

第 497 页：讲《涅槃》、《大品》、《惟度》等经。《慧棱传》

案：《惟度经》不知是何经典？疑作"维摩"。待考。

第 518 页：其《摄论》、《中边》、《唯识》、《思尘》、《佛性无性论》，并具出章疏，在世流布。《僧辩传》

改：《佛性》、《无性论》。

案：《摄大乘论》、《中边分别论》、《唯识论》、《无相思尘论》、《佛性论》、《三无性论》，皆真谛译。《无相思尘论》见《仁寿录》。

第 521 页：每有执役，不惮形苦，画供众僧，夜读章疏。《智徽传》

改：昼供众僧

案：《大正藏》诸本皆作"昼"，查碛砂本两种影印本，只有线装书局本疑似"画"字，民国《影印宋碛砂藏》十分清晰，作"昼"。此处排印错误。"众"字，高丽再雕、金藏皆作"养"，失校。

1 此条承中山大学洪绵绵博士指出，谨此致谢。

第 534 页：又荒乱之后，律法不行，并用铜盂，身御俗服，同诸流俗。休恐法灭于事，躬自经营，立样造坏。依法施熏，遂成好钵，遍送受持。今大行用，并是休功缉遗绪也。《慧休传》

案：孙齐认为“坏”当为“环”。【孙齐】坏，同“坯”。《说文》：“瓦未烧曰坏”。《四分律·舍堕法》：“钵者，有六种：铁钵、苏摩国钵、乌伽罗国钵、忧伽赊国钵、黑钵、赤钵。大要有二种：铁钵、泥钵。”《四分律删繁补阙行事钞》卷上《僧网大纲篇》：“铜钵及椀，夹纻瓦钵、锺油等钵，及以漆木等器，并佛制断，理合焚除。”都明确禁止用铜做钵，慧休因此制作陶钵。

第 560 页：先是，胡翼之山有神人现，以慧印三昧授与野人何规，曰……《僧副传》

改：《慧印三昧》

案：并见《出三藏记集》卷七王僧孺《慧印三昧及济方等学二经序赞》。

第 602 页：初信行勃兴异迹，时成致讥，通论所详，未须甄别。但奉行克峭，偏薄不伦，至于佛宗，亦万衢之一术耳。所著集记，并引正文，然其表题立名，无定准的，虽曰对根，起行幽隐，指体标榜，语事潜沦。来哲傥详，幸知有据。开皇末岁，敕断不行，想同箴勖之也。别有本传流世，见费节《三宝录》。《信行传》

改：虽曰“对根”，“起行”幽隐……费节《三宝录》。

案：费节乃费长房之本名，法琳《辩正论》卷五：“王隐、魏收之录，杨玠、费节之书”可证，说见拙文《〈历代三宝纪〉三题》(《文献》2016 年第 5 期)。《对根起行》是信行作品，见《历代三宝纪》及敦煌本。

这段文字是对信行作品的批评，但意思很费解。道宣这里是抄费长房而略做改动。《历代三宝纪》卷十二：“此录并引经论正文，而其外题，无定准的。虽曰‘对根’，‘起行’幽隐。指体标牓，于事少潜。来哲傥详，幸知有据。(开皇二十年敕断，不听流行。想同箴勖)。”我和张总老师讨论，认为大致意思是说，信行的作品援引佛经，都是真经正文，但作品的标题命名，却有些问题。虽说根据众生根器不同，所发起的行动实践却不明确。将来的贤明之士，倘能详察，当知其论文于佛理自有其根据。难以理解的是“无定准的”和“指体标榜，语事潜沦”两句。

另外一个疑问是费长房上进《历代三宝纪》的时间是开皇十七年，这里小注有开皇二十年事。可能是后来加笔。这种情况还有一些，比如《帝年》结尾各版藏经的排法。

第 604 页：自知终日，急唤拔禅师，付嘱上佛殿礼辞遍寺众僧，咸乞欢喜。《慧意传》

改：急唤拔禅师付嘱，上佛殿……

案：“付嘱”下宋·元·明本有“讫”字，亦通。

第 615 页：内有愧于德充，外无狎于人世。《慧命传》

改：内有愧于《德充》，外无狎于《人世》。

案：《庄子·德充符》、《人间世》。

第 619—620 页：法花三昧，大乘法门……《慧思传》

案：天台诸僧传多涉及忏法，是否加书名号，当统一。不一一指出。

第 620 页：又咨："师位即是十地？"思曰："非也。吾是十信铁轮位耳。"…… 又如仁王十善发心，长别苦海。《慧思传》

改：《仁王》十善发心

案：《仁王般若经》。题鸠摩罗什译《佛说仁王般若波罗蜜经·菩萨教化品》："十善菩萨发大心，长别三界苦轮海，中下品善粟散王，上品十善铁轮王。"南朝成立的伪经《菩萨璎珞本业经》，在《十地经》所规定的十地阶位之前，又加上准备性的十信位，以及十住、十行、十回向，在十地之后，尚有无垢地、妙觉地，形成五十二阶位说。这里智顗问慧思是否已经达致十地之阶位？慧思则答云自己只处于十信位的最高阶位，按照《仁王经》的说法，则是"十善铁轮王"位。

第 631 页：《南岳记莂》，说法第一。《智顗传》

改：南岳记莂

第 645 页：后住京师，隶庄严寺，纯讲大乘，于文殊般若偏为

意得。《玄景传》

改：《文殊般若》

第 660 页：于时据宗儒学，独擅英声。每言“大小两《雅》，当时之讽刺，左右二史，君王之事、言，礼序人伦，乐移风俗，无非耳目之翫，其势亦可知之。未若《李》、《庄》论大道，《周易》辨阴阳，可以悟幽微，可以怡情性”。究而味之，乃玄儒之本也。《昙迁传》

改：于时据宗儒学，独擅英声。每言“大小两《雅》，当时之讽刺；左右二史，君王之事言。礼序人伦，乐移风俗，无非耳目之翫，其势亦可知之。未若李、庄论大道，《周易》辨阴阳，可以悟幽微，可以怡情性。究而味之，乃玄儒之本也。”

案：末句当为引文。

第 668 页：帝曰：“戒神之威也，以卿雄武故，致斯惮耳。”《僧照传》

改：以卿雄武，故致斯惮耳。

第 718 页小注：僧智璪奏：“《天台大师悬记》云：寺若成，国则清。”《灌顶传》

改：天台大师悬记云……

第 719 页：又讲《涅槃》、《金光明》、《净名》等经，及说圆顿、

止观、四念等法门，其遍不少。《**灌顶传**》

改：圆顿止观

第742页：声名达于乡邑《**昙荣传**》

改：声名达于乡邑

第746页：敕召至京，令住祈雨，告以所须，一无损费，惟愿静念三宝，慈济四生，七日之后，必降甘泽，若欲酬德，可国内空寺并私度僧并施其名，得弘圣道。有敕许焉。《**明净传**》

改：敕召至京，令住祈雨。告以所须，一无损费……

案："告以"之后不是敕旨之语，改为句号比较好。

第770页：弟子等怀双林右胁之教，抱两楹负手之歌。《**僧彻传**》

改：双林

第802页：时有高座寺亘法师，陈朝名德，年过八十，金陵僧望，法事攸属，开悟当涂。融在幽栖，闻风造往，以所疑义封而问曰："经中明佛说法言下，受悟无生；论中分别名句文相，不明获益。法师受佛遗寄，敷转法轮，如融之徒未闻静惑，为是机器覆塞，为是陶化无缘？明昧回遑，用增虚仰，必愿开剖盘结，伏志遵承。"亘良久怃然告曰："吾昔在前陈，年未冠肇，有璀禅师，王臣归敬，登座控引，与子同之。吾何人哉，敢当遗寄。"遂尔而散。《**法融传**》

改：经中明佛说法，言下受悟无生；论中分别名句，文相不明获益。

案：胡文辉老师提示，这两句是客气的说法，意思是：经中所明是佛说之法，我读其言语，当下便能悟得无生之理；而论（此或指亘法师所讲之论）分别名相，在文义不明的地方颇有受益。

第830页校勘记12：据兴圣寺本、兴圣寺本、《赵城金藏》、《高丽藏》改。《昙瑗传》

改：据兴圣寺本……

第837页：父佥，梁贞威将军，上虞令。《道成传》

案：父，CBETA、大正藏误作"文"，高丽再雕本不误。

第840页：周平齐日，隐于白鹿岩中，及宣政搜扬，被举住于嵩岳。《洪遵传》

改：宣政搜扬

案：宣政，北周武帝年号（578）。

第863页：今略经中要务即可详行者四条，留意寻检，永绥宝祚。"初劝行慈，引《涅槃》梵行之文，令起含养之心，存兼济之救也。《玄琬传》

改：《涅槃·梵行》之文

案：（北本）《大般涅槃经·梵行品》说菩萨修慈悲喜舍，又有

“极爱一子地”之文：“菩萨摩诃萨修慈悲喜已，得住极爱一子之地。善男子！云何是地名曰极爱？复名一子？善男子！譬如父母，见子安隐，心大欢喜。菩萨摩诃萨住是地中，亦复如是，视诸众生同于一子，见修善者生大欢喜，是故此地名曰极爱。”玄琬抄出训诫皇子的大概就是类似的文句。

第 864 页：固以高步弥天，邻几初地。《玄琬传》

改：高步弥天

案：此指弥天释道安。如果是高步的补足语，弥天有点奇怪。

下册

第 938 页：即预陈武帝仁王斋席。《慧乘传》

改：《仁王》斋席

第 940 页：上以洛阳大集，名望者多，奏请二百许僧住同、华寺。《慧乘传》

案：尝疑当作“同华寺”，李猛指出《集古今佛道论衡》卷三：“及武德四年荡定东夏，入伪诸州例留一寺，洛阳旧都僧徒极盛，简取名胜，配住同、华两州，仍举胜达者五人，天策别供。”可知此处是指同州、华州的寺院，说见李猛博士论文《抑佛与护法：唐初抑佛政策演变与僧团回应》，第 188—189 页。

第 956 页：良以文学雄伯，群儒奉戴，诱劝成则，其从如云。

《法琳传》

改：良以文学雄伯……

案：此指注《法琳别传》之陈子良。

第957页：琳答曰："……老子习训，道宗德教，加于百姓，恕己谦光，仁风形于四海。"又云："吾师名佛，佛者觉一切人也，乾竺古皇，西升逝矣。讨寻老教，始末可追，日授中经，示诲子弟，言吾师者善入泥洹，绵绵常存，吾今逝矣。今刘、李所述……实非谤毁家国。"《法琳传》

改：琳答曰："……老子习训道宗，德教加于百姓；恕己谦光，仁风形于四海。又云'吾师名佛，佛者觉一切人也，乾竺古皇，西升逝矣。'讨寻老教，始末可追，日授《中经》，示诲子弟，言'吾师者善入泥洹，绵绵常存，吾今逝矣'。今刘、李所述……实非谤毁家国。"

案："习训道宗，德教加于百姓；恕己谦光，仁风形于四海"，四六对句，《大正藏》句读不误。"吾师……西升逝矣"，是道经中语，主语是老子而非法琳。点校本误。后文"吾师者……吾今逝矣"并同。

其最早出典是《正诬论》(《弘明集》卷一)："老子即佛弟子也。故其经云：'闻道竺乾有古先生，善入泥洹，不始不终，永存绵绵。'"法琳《破邪论》卷上："《老子西升经》云：'吾师化游天竺，善入泥洹。'"

"中经"是否指《老子中经》？存疑。

第 1000 页：隋末屡闻其声。《圆通传》

改：隋末

第 1002 页：国中利养，召汝何能自安？《慧宝传》

改：国中利养召汝，何能自安？

第 1008 页：帝后于华林园重云殿开般若题。《慧云传》

改：开《般若》题

第 1030 页：则性嗜馎饦，寺北有王摩诃家，恒令办之，须便辄往。《智则传》

案："馎饦"，CBETA、《大正藏》误作"馎饱"，高丽再雕本不误。

第 1049 页：年将不惑，始蒙剃落。进戒以后，头陀州北四望山，去此地福德，方安天子。《智旷传》

案："去"，疑当作"云"。此传丽初、丽再、金藏无，今可见者思溪、碛砂皆作"去"。

第 1056 页：仁寿中，于寺讲婆伽般若并论，听众百余人。日午坐绳床如睡，见一天人殊为伟异，自云："我是释提桓，因故来奉请在天讲经。"《道幽传》

改：于寺讲《婆伽般若》并《论》，听众百余人。日午坐绳床如睡，见一天人殊为伟异，自云："我是释提桓因，故来奉请在天讲经。”

改：《婆伽般若》即《金刚般若经》，菩提流支译本首句作：“一时婆伽婆，在舍婆提城祇树给孤独园，与大比丘众千二百五十人俱。”所谓“论”，是指无着撰《金刚般若论》或世亲撰《金刚般若经论》。

第 1074 页：释明隐者，少习禅学次第观，十一切入。《明隐传》

改：少习禅，学次第观、十一切入。

案：十一切入，散见诸经论，又名“十遍处”，是从四大（地、水、火、风），四色（青、黄、赤、白）和空、识十个方面观想世界的修法。解说参见《俱舍论·定品》，颂云：“遍处有十种，八如净解脱。后二净无色，缘自地四蕴。”论曰：“遍处有十，谓周遍观地、水、火、风、青、黄、赤、白及空与识二无边处，于一切处周遍观察，无有间隙，故名遍处。”前所谓“次第观”，怀疑是指“九次第定”，非动词。存疑。

第 1131 页：行达江陵，风浪重阻，三日停浦，波犹未静，又迫严程，忧惶无计，乃一心念佛，衝波直去。《净辩传》

案：“衝”，CBETA、《大正藏》误作“衡”，高丽再雕本作“衝”。

第 1148 页：具如沙门忘名集，及费氏《三宝录》，并益部《集异记》。《僧崖传》

改：《沙门忘名集》，及费氏《三宝录》，并《益部集异记》。

案：亡名，传见《续高僧传》卷七。

第 1155 页：周遍求物，闃尔无从，仰面悲号，遂见屋甍一把乱床用塞明孔，挽取抖捒，得谷十余，挼以成米，并将前布，拟用随喜。《普安传》

案:《大正藏》、高丽再雕本作“床”，宋·宫作“庲”，碛砂·元·明作“床”。“庲”通“屎”，于文意不合。“床”，音靡，禾穄也。

第 1161 页：故其房中无有毡席，满院种莎，用拟随坐，头陀行也。《法旷传》

改：用拟随坐头陀行也。

案：十二头陀之一。十二头陀行诸经解释不同，《四分律删繁补阙行事钞·头陀行仪篇》：“衣中立二：一者纳衣，二者三衣。虽得衣以障身，内有饥虚等恼，宁堪进业？故就食中立四头陀：一者乞食，二不作余食法，三一坐，四一揣也。然衣食乃具修道义立，若处在愦闹，心多荡乱，必托静缘，始成正节，是以于处立五头陀：谓兰若、塚间、树下、露坐、随坐。上来三种并是助缘，若系念思量，斩缠出要者，无过坐法，故于威仪立一常坐”。

第 1181 页：博通群籍，统括文义，逮于《九章》、律历、七曜、盈虚，皆吞若胸中，抵掌符会。《善慧传》

改:《九章》律历，七曜盈虚

第 1199 页：后因行汶，中路逢有人缚狍在地。《**明达传**》

改：后因行汶中

第 1222 页：或行般舟，一夏不坐；或学止过，三年不言；或效不轻，通礼七众；或同节食，四分之一。《**德美传**》

改：或效不轻，通礼七众。

案：德美师承三阶教僧，三阶佛法效仿《法华经》常不轻菩萨，普礼众生。

第 1259 页：遂取瑞应，依声尽卷。《**法琰传**》

改：遂取《瑞应》

附记：本文没有包括《续高僧传》前序和各篇总论的校订。2018 年底，由我和李猛主持，在北大文研院隔周进行《续传》的会读，也有京外、海外同仁通过微信群远程参与，现已读完卷二。我们希望最终制成该书的笺注校订本，当然这是一个长期的事业。

宗教文献研究方法谈

2019年2月27日下午，国家图书馆《文献》杂志召集京内文献学界青年一代学者与编辑部全体成员座谈，就与刊物有关的各方面情况与问题展开交流与讨论。会后，参加座谈会的各位学者将意见与建议整理成文，供编辑部参考。本文为个人发言稿。

感谢张志清馆长，今天有机会来到这里谈谈我对文献学的理解和作为读者对《文献》这个刊物的期待。

我的研究领域是六朝佛教史和佛教文献，研究中感到宗教文献的研究方法还有待建立。在从事历史研究的过程中，由于中古史料比较少，在我上学的时候老师第一课就把基本史料的情况都交待清楚了，这未必说明中古史学者文献功底扎实，而是这一领域的前人业已将文献使用的关键问题解决了。但在中古宗教史领域，就不是这样了，每个研究者都要自己动手解决文献的问题，比如佛典的翻译年代、作者归属，僧传的史源，古小说的辑佚，乃至石刻史料、敦煌吐鲁番的写本等等。

同位素追踪法

先以我个人的研究为例，谈谈对佛教文献研究方法的理解。最初我关心的是佛教在中古前期的传播引起的社会变化，这样一个非常朴素的问题。但当你进入问题的探索时，就会发现佛经特别多，不同的经典、学说构成了具有张力的整体。每一个学说、每一个信仰有它特定的载体，比如舍利信仰、阿育王信仰、观音信仰，它分别有小乘《大般涅槃经》、《阿育王传》、《法华经·普门品》（仅举代表作品）。于是佛教传播的问题就转化成了具体的某一文献群扩散的历史，由一个历史学问题转化成一个书籍史的问题。

经典有其物质载体，传统意义上的佛教正经（翻译经典），有具体的传来路径，并且在汉地或其周边地区经过翻译，这些信息在《高僧传》和早期的佛教目录中都有记载，译场的工作方式经过学者研究也基本是清楚的。经典汉译之后，还有一个接受过程，这是非常值得关心的。既要知道《法华经》讲了什么，还要了解《法华经》翻译出来之后的半个世纪之内，是哪些人，在什么地方，最先阅读了这部经？他们读了之后，又有什么反应？

从文献学角度观察，这个过程就涉及很多类的文献。比如说志怪小说、灵验故事，这之前大概是属于中文系研究的范围，可是这其中有大量的社会民众接受经典的实践活动，经典传播路径的记载，值得佛教史学者关注；还有比如《弘明集》一类的护教文献（apologetic writing），能够反映知识精英在义理和实践层面对佛教学说信仰的拒斥和辩护；还有早期的注释作品（commentarial literature），它的作者很可能和译场成员有非常密切的关系，是经典的最早接受者；还有对佛典的编纂、抄略，形成的实用手册、类书。甚至形式差距更远的疑伪经（apocryphal texts），更准确地说应称为汉地撰述经典，伪经是剽窃真经，改篡真经的，在这些改写中既能看到一个中等的宗教知识阶层对经典的理解，又能看到汉地特殊的宗教关怀。还有更远一层，即上海师范大学曹凌老师跟我讲起的，道教经典对佛教观念的援用和改造，道教史某种意义上是汉传佛教史的一个扭曲的影子，二者的节奏呈现出相关性。这些都是非常重要的观察视角。

这些环节未必都能纳入传统文献学的范畴，但它构成了中古思想史的一个完整的展开过程和观察方法。这个方法并不是我创造的，从学术史上来看，早在1932年，汤用彤发表他的成名作《汉魏两晋南北朝佛教史》六年之前，曾经写过一篇《竺道生与涅槃学》的长文，这后来构成了书中的一章。其中他完整地描述了从《涅槃经》的翻译，到经本传到南朝首都建康，最终引起僧俗辩论的过程。我在京都访学时的老师船山徹研究菩萨戒，圣凯研究摄论、地论学派，都大体遵循上述的方法。这个方法，也许可以借用医学术语，称为“同位素追踪法”[1]，就

1　这个比喻是日本国际佛教学大学院大学池丽梅老师与笔者交谈中最先提出的，池老师研究《续高僧传》的文本变迁，其最终意义却不限于了解单一文本，而是烛照写本大藏经到版刻大藏经的整体变动。在这个意义上，池老师称《续高僧传》为藏经脉络的“显影剂”。

是以单一文本为追踪对象，注入社会的机体，标示它传播扩散的方式和路径。把宗教史落实到宗教文献的接受史。

经典变貌与注疏流传

佛教经典的接受史并不是一个单向、被动的过程，还包含接受方对经典文本的改造。比如《法华经》，有些品是后来插入的，还有偈颂、开头的弘传序。现在由于新资料的公布，使我们有更为便利的条件去探索经典的早期文本形态。比如可以调查南北朝到隋唐的石刻佛经（近年最重要的成果是海德堡大学雷德侯教授主持的《中国石刻佛经》项目，目前已完成山东、四川两省石经的调查整理），还有写本，包括敦煌、吐鲁番的写本以及日本古写经（近年最重要的进展是日本国际佛教学大学院大学整理刊布的金刚寺、七寺写经），还有传统的注疏中的引文、音义书中的条目、佛教类书，这些都有助于了解某一时间截面上经典文本的形态。通过文本形态的变化，观察思想的变化。

另外还有一种重要的思想表达方式是佛教的注疏。这些注释作品的文献学考察面临相当的困难。因为历代大藏经编纂，注释作品原则上不入藏。今天得见这些作品，其实是集中收录在日本的《卍续藏》里，这已经是20世纪初的作品。中间经历了漫长的流传史，完全不清楚。需要调查唐末日本求法僧的目录、日本古文书中的档案、日本的寺院志、中原汉地刊刻的零种佛经、19世纪末以降中日两国的典籍环流和大藏经史，才能搞清这些中古时期的注释作品是怎样传到今天、呈现出现在的样貌。

对《文献》的期待

最后想谈谈对《文献》的期待。《文献》是国图主办的刊物，我一直关注这个刊物，也一直关注国图的资源。国图作为收藏单位，对我本人的学术研究有非常大的助益。有两个大宗的藏品：一是北图编号敦煌写经，在敦煌藏经洞典籍流散过程中，斯坦因、伯希和都是根据某种学术兴趣择取特定的文书，国图收纳的写本主体是佛经；二是近年来公布的两套版刻大藏经的图版照片，分别是宋思溪藏和赵城金藏。这使得我们精校文本成为可能。由我领读，正在进行的《续高僧传》会读，和计划中的《广弘明集》整理，都利用了这些珍贵的资料。

然而《文献》作为国图的刊物，我觉得不应该定位在揭示藏品或者古籍整理项目的附属品，它在文献学界有崇高的声誉和广泛的关注度。它应该从新材料的整理者跨出一步，而是遵循我上面描述的文献学的扩散路径，在一个更广的视域中呈现文献的价值。比如赵城金藏，它的价值在哪？并不在于其中收录了其他版本没有的材料（确实有这样的材料，如《曹溪宝林传》），而在于观察从敦煌写本、日本古写经所代表的写本时代，到中原、北方、江南三个系统大藏经所代表的刻本时代，文本变迁的完整图景，在于各系统间的差别。因此优秀的文献学研究，往往会动用不同学科属性的文献、运用多学科的研究理论与方法，而这是某一专业门类的期刊无法容纳的。《文献》本来就是一个架设在具体文献载体之上的刊物，所以衷心期望贵刊能刊载这样的稿件，从而形成对整个文献学界的牵引力。

六朝佛教基本史料参考目录

记得博士一年级的时候，入门的基础课是我的导师陈苏镇老师常年开设的"魏晋南北朝史研究"，课程的第一讲就是本断代的基本史料。魏晋南北朝的史料可以缕指而计，每种史料几乎都有精善的整理本。有了这些打底，再读前人的研究，凡遇到没有听说过的书名，都留心观察使用的方法，渐渐也就掌握了治学的门径。后来，当我开始六朝佛教史的研究，经历了一段比较痛苦的摸索过程。幸而有机会到京都大学，船山徹老师开设《法华经疏》研读专题课，第一节课讲常用的佛教工具书，又配发讲义，介绍大藏经的版本和六朝佛教史料的成立过程。仅仅两周，学生便可掌握使用佛教文献的基本方法。随着研究的深入，对佛教史料的文本层次和使用方法领悟渐多，回首初学的迷惘无助，我愈发感到需要有一个面对今日研究者的基本史料使用手册。

回顾现在已有的几种史料导读，和研究的需求还有一些差距。陈垣先生的《中国佛教史籍概论》[1] 固然是佛教文献学的经典名著，但该书完成于上世纪 40 年代，当时流行的版本是金陵刻经处单行本，使用《大正藏》也还没有成为学界通例，与今天研究者使用文献的环境差异较大。建国后的同类著作，苏晋仁先生的《佛教文化与历史》和宿白先生的《汉文佛籍目录》是两部深有心得之作，绝非泛泛抄撮前人成说者可比。[2] 苏先生从学于著名佛学家周叔迦先生，前书四个部分，分别介绍佛教译场的工作体制、佛教史传、佛教目录和近代佛教史事，对《出三藏记集》成立过程的分析，源于其点校《佑录》的经历；对《名僧传》的考证，应该也与周叔迦校理《名僧传抄》有关，至今仍是关于这一问题最领先的研究。宿白先生的讲义，是为佛教考古专业学者而设，其中涉及与《大正藏》配套的各种索引、目录，《开元录》丽藏本与江南藏之差异，开宝藏的扩增过程，房山石经的研究现状，都是极其重要的内容。遗憾的是两书都伤于简略，一些比较重要的内典，如《弘明集》之类的护教文献，还有对于六朝佛教史尤其重要的外典史料，如大量的文集、小说、类书，限于体例都没有论及。台湾地区有蓝吉富先生的《佛教史料学》[3] 稍微弥补了这一缺陷，但该书试图涵盖所有主要佛教传统，汉传佛教仅占中国佛教一章之一节（另外一

1 收入陈垣《明季滇黔佛教考（外宗教史论著八种）》，石家庄：河北教育出版社，2003 年。

2 苏晋仁《佛教文化与历史》，北京：中央民族大学出版社，1998 年。宿白《汉文佛籍目录》，北京：文物出版社，2009 年。

3 蓝吉富《佛教史料学》，台北：东大图书公司，1997 年。

节介绍藏传佛教史料），篇幅势必大大压缩，仅按照《大正藏》的部类说明大致内容，并未涉及具体的书目。

日本方面，有田中良昭、冈部和雄编《中国仏教研究入門》[1]，此书以问题为中心对先行研究加以组织，有些属佛教史研究范畴，有些则偏重教理学的讨论，因此对于利用六朝期的佛教文献帮助仍然有限。另有一种最近出版的《仏教史研究ハンドブック》[2]属于同类性质，涉及的传统不限于中国，体例与前书类似。英语学术界的导读书，笔者管见所及似乎只有《早期中古中国：史料集》[3]一种。该书主体是一手文献的节选译注，组织方式却是以问题为中心，译文之前的导言和之后的拓展阅读中都介绍了该文献的整理本及英译、研究。撰者都是当行名家，解说和注释皆极精当，可以说代表了北美汉学在六朝史领域的最高水平。然而众所周知，佛教文献的先行研究以日本学者积累最厚，创获最多，此书对日文研究涉及较少，稍觉遗憾。

近年国内中古史学界日益重视对文献的细密解读，对正史、文集、古小说的认识业已推进到一个全新的水平[4]，相比之下，佛

1 田中良昭・冈部和雄《中国仏教研究入门》，东京：大藏出版，2006年。辛如意译《中国佛教研究入门》，新北：法鼓文化，2013年。

2 佛教史学会编《仏教史研究ハンドブック》，京都：法藏館，2017年。

3 Wendy Swartz et. al. eds. *Early Medieval China: A Source Book*, Columbia University Press, 2014.

4 代表性的研究可参看尾崎康著，乔秀岩译《正史宋元版之研究》，北京：中华书局，2018年。聂溦萌、陈爽编《版本源流与正史校勘》，北京：中华书局，2019年。陈尚君《汉唐文学与文献丛考》，上海：上海古籍出版社，2008年。夏婧《清编全唐文研究》，上海：上海古籍出版社，2019年。李剑国《唐前志怪小说史》，天津：天津教育出版社，2005年。熊明《汉魏六朝杂传研究》，北京：中华书局，2014年。

教文献的研究却一直没有明显的推进。[1] 值得特别推荐的是张雪松《汉魏两晋南北朝佛教史料概说》一文。[2] 雪松老师视野宏阔，一直密切关注学界的研究动向，特别强调佛教外部史料，包括传世的文集、小说，和新出石刻资料，并以具体的问题为例，展示了多元史料的运用之法。

笔者个人对六朝佛教史料的认识与雪松老师给出的框架最为接近，此后的工作是在这一方向上逐步细化。我们关注传世文献的史源、成立过程、体例和辑佚、整理成果，出土材料的出土环境、物质性、体例和功用、刊布图版、录文等方面。在具体的书目之外，还应对佛教文献的载体大藏经的结集过程、内部结构、版本系统有所了解，并掌握解释佛教名相的佛学辞典之使用方法。史料导读是工具，目的是服务于佛教史和佛教思想的研究，我无意追溯各个文本的全部研究史，也不想穷尽所有的文献学问题，只求汇罗现有的文献学认识，为研究者提供相对可靠的研究基础。

作为工作的第一步，本文提供三种工具目录。资料一聚焦传世文献，最终的设想是将现行研究的成果加以提炼，撰成解题词典，目前仅止于罗列整理本和重要的先行研究。资料二辑录《世说新语》佛教史料。《世说》是习见之书，专门辑出佛教

1　例如陈士强先生《大藏经总目提要 · 文史藏》（上海：上海古籍出版社，2008 年）主要依据《大正藏》史传部各书序跋做解说，较少参考文献学研究的成果，海外研究的进展更是绝少涉及。

2　张雪松《中华佛教史 · 汉魏两晋南北朝史卷》绪论，太原：山西教育出版社，2014 年，第 13—36 页。

史料仍有它的意义。意义在于依据这些最早期的外典史料，可以观察罗什来华以前佛教的状态，以及《高僧传》等齐梁史书对前代史的继承。资料三整理石刻史料中最易利用的墓志。石刻还应包括造像记、碑铭和刻经（经幢），在诸位师友、同好的帮助下，笔者认识也在不断更新中，整理工作俟诸来日。

资料一　传世文献的整理本及先行研究

此处收录记载唐前佛教史事的传世文献，其成立年代最晚到南宋。一些唐代成立的文献，较少包含唐前佛教史事者，如《大唐西域记》、《大唐西域求法高僧传》、《南海寄归内法传》等不收录。

先列便于入手的整理本、笺注本，再列译注本，最后列代表性的先行研究。研究侧重文献层面的探讨，从思想层面加以阐发者不录。整理本较多的作品，如《高僧法显传》，请参看点校说明中的学术史回顾；日本古抄本，仅列已刊布的出版品，请参看图录中的解题和研究史回顾，不一一罗列。

一、内典

A. 高僧传

汤用彤校注《高僧传》，北京：中华书局，1992 年。

吉川忠夫·船山徹訳注《高僧伝》(四册),东京:岩波书店,2009—2011年。

纪赟《慧皎〈高僧传〉研究》,上海:上海古籍出版社,2009年。

古抄本 *

日本古写经善本丛刊第九辑《高僧传卷五·续高僧传卷二八、卷二九、卷三〇》,东京:国际佛教学大学院大学日本古写经研究所,2015年。

牧田谛亮《高僧传の成立(上)》,《东方学报》第44号(1973),第101—125页。

牧田谛亮《高僧传の成立(下)》,《东方学报》第48号(1975),第229—259页。

释定源《日本古写经〈高僧传〉所见"释法和传"异文考辨》,收入氏著《佛教文献论稿》,桂林:广西师范大学出版社,2017年,第222—247页。

B. 出三藏记集

苏晋仁、萧炼子点校《出三藏记集》,北京:中华书局,1995年。

中嶋隆藏《出三藏记集序卷訳注》,京都:平乐寺书店,1997年。

《新集撰出经律论录》

Jan Nattier, *A guide to the earliest Chinese Buddhist translations: texts from the Eastern Han "Dong Han" and Three*

Kingdoms "San Guo" periods. International Research Institute for Advanced Buddhology, Soka University, 2008.

Chen Jinhua, "Some Aspects of the Buddhist Translation Procedure in Early Medieval China with a Special Reference to a Longstanding Misreading of a Keyword in the Earliest Extant Buddhist Catalogue in East Asia", *Journal Asiatique* 293.2(2005): 603—622.

=> 吴蔚琳译《早期佛典翻译程序管窥——以〈出三藏记集〉中一个长期被误读的关键词为例》,《佛教与中外交流》，上海：中西书局，2016年，第62—112页。

《薩婆多部師資傳》

船山徹《梁の僧祐撰『萨婆多部师资传』と唐代佛教》，吉川忠夫编《唐代の宗教》，京都：朋友书店，2000年，第325—353页。

《新集律分五部记录》

王磊《"律分五部"与中古佛教史对戒律史的知识建构》，《中国哲学史》2015年第4期，第37—45页。

《法苑杂缘原始集》

孙尚勇《释僧祐〈经呗导师集〉考论》,《中华文史论丛》2008年第3期，第137—157页。

C. 续高僧传

郭绍林点校《续高僧传》(全三册)，北京：中华书局，2014年。

吉村诚、山口弘江《新国訳大蔵経·続高僧伝I》，东京：大藏出版，2012年。

吉村诚、山口弘江《新国訳大蔵経·続高僧伝II》，东京：大藏出版，2019年。

伊吹敦《〈续高僧传〉の增广に関する研究》，《东洋の思想と宗教》，第7号（1990），第58—74页。

伊吹敦《〈续高僧传〉に见る达摩习禅者の诸相—道宣の认识の变化が意味するもの—》，《东洋学论丛》第58集（1996），第106—136页。

藤善真澄《道宣伝の研究》，京都：京都大学学术出版会，2002年。

池丽梅《〈续高僧传〉的文本演变——七至十三世纪》，《汉语佛学评论》第四辑，上海：上海古籍出版社，2014年，第224—268页。

陈志远《〈续高僧传〉点校本指瑕》，《隋唐辽宋金元史论丛》第九辑，上海：上海古籍出版社，2019年，第157—172页。收入本书。

古抄本＊

日本古写经善本丛刊第八辑《续高僧传卷四、卷六》，东京：国际佛教学大学院大学日本古写经研究所，2014年。

日本古写经善本丛刊第九辑《高僧传卷五·续高僧传卷二八、卷二九、卷三〇》，东京：国际佛教学大学院大学日本古写经研究所，2015年。

池丽梅《石山寺一切经本〈续高僧传〉卷八—翻刻と书志学の研究—》，神奈川：鹤见大学佛教文化研究所，2014 年。

池丽梅《〈续高僧传〉在日本的流传》，《汉语佛学评论》第五辑，上海：上海古籍出版社，2017 年，第 277—290 页。

D. 名僧传抄

周叔迦校订《名僧传抄》，南京：金陵刻经处，1937 年。

释定源《续藏经本〈名僧传抄〉录文疏失举正》，收入氏著《佛教文献论稿》，桂林：广西师范大学出版社，2017 年，第 222—247 页。

Sangyop Lee 李尚晔，"The Invention of the 'Eminent Monk': Understanding the Biographical Craft of the *Gaoseng zhuan* through the *Mingseng zhuan*", *T'oung Pao*, Vol. 106 (2020), pp. 87-170.

E. 比丘尼传

王孺童《比丘尼传校注》，北京：中华书局，2006 年。

铃木启造《传释宝唱撰〈比丘尼传〉に関する疑义》，《史观》89（1974），第 48—59 页。

曹仕邦《比丘释宝唱是否〈比丘尼传〉撰人的疑问》，《佛教思想的传承与发展——印顺导师九秩华诞祝寿文集》，台北：三民出版，1995 年，第 455—466 页。

Tom de Rauw, "Baochang: Sixth-Century Biographer of Buddhist Monks... and Nuns?", *Journal of the American Oriental Society*, Vol. 125, No. 2 (2005), pp.203-218.

船山徹《梁の宝唱〈比丘尼传〉の定型表现—撰者问题解

决のために—》,《东方学》135（2018），第36—53页。

F. 弘明集

牧田谛亮编《弘明集研究》，京都：京都大学人文科学研究所，1975年。

李小荣《弘明集校笺》，上海：上海古籍出版社，2013年。

刘立夫等译注《弘明集》，北京：中华书局，2013年。

《宋思溪藏本弘明集》，北京：国家图书馆出版社，2018年。

Helwig Schmidt-Glintzer, *Das Hung-ming chi und die Aufnahme des Buddhismus in China*, Wiesbaden: Steiner, 1976.

Harumi Hirano Ziegler, *The Collection for the Propagation and Clarification of Buddhism*, vol. 1, BDK America, 2015; vol. 2, 2017.

李小荣《〈弘明集〉、〈广弘明集〉述论稿》，成都：巴蜀书社，2005年。

《牟子理惑论》

周叔迦《牟子丛残新编》，北京：中国书店出版社，2001年。

《奉法要》

Erik Zürcher, *Buddhist Conquest of China, The Spread and Adaptation of Buddhism in Early Medieval China,* 3rd edition, Brill, 2006.

=> 李四龙等译《佛教征服中国——佛教在中古早期的传播与适应》（第二版），南京：江苏人民出版社，2016年。

慧远的作品

木村英一编《慧远研究》，京都：京都大学人文科学研究所，1961 年。

G. 广弘明集

《宋思溪藏本广弘明集》，北京：国家图书馆出版社，2018年。

刘林魁《〈广弘明集〉研究》，北京：中国社会科学出版社，2011 年。

船山徹《南斉・竟陵文宣王萧子良撰『净住子』の訳注作成を中心とする中国六朝仏教史の基础研究》，2006 年。

蜂屋邦夫《北周・道安〈二教论〉注释》，《东洋文化》六二号（1982），第 175—212 页。

京都大学人文科学研究所"六朝道仏论争研究班"《笑道论訳注》，《东方学报》第 60 号（1988），第 481—680 页。

Levia Khon, *Laughing at the Tao: Debates Among Buddhists and Taoists in Medieval China,* Princeton University Press, 1995.

吉川忠夫訳《大乘仏典・中国日本篇》第 4 卷《弘明集 広弘明集》，东京：中央公论社，1988 年。

=> 文集部

H. 魏書・釋老志

塚本善隆《魏書釈老志の研究》，《塚本善隆著作集》卷一，東京：大東出版社，1974 年。

=> 林保尧译《魏书释老志研究》，台北：觉风艺术基金会，2008 年。

I. 洛阳伽蓝记

徐高阮《重刊洛阳伽蓝记》，北京：中华书局，2013 年。

范祥雍《洛阳伽蓝记校注》，北京：上海古籍出版社，1978 年。

《宋云行纪》

Edouard Chavannes, “Voyage de Song-Yun dans l’Udyāna et le Gandhāra,” *BEFEO* III.3(1903):379-441.

=> 冯承钧译《宋云行纪笺注》，《西域南海史地考证译丛六编》，北京：中华书局，1956 年，第 1—68 页。

长泽和俊《法显传 · 宋云行纪》，东京：平凡社，1971 年。

余太山《宋云行纪要注》，收入徐文堪编《现代学术精品精读 · 西域研究卷》，上海：上海人民出版社，2014 年，第 298—333 页。

J. 历代三宝纪

谭世保《汉唐佛史探真》，广州：中山大学出版社，1991 年。

大内文雄《南北朝隋唐佛教史研究》，京都：法藏馆，2013 年。

Tanya Storch, *The History of Chinese Buddhist Bibliography: Censorship and Transformation of the Tripitaka*, Cambria Press, 2014.

— “Fei Changfang’s *Records of the Three Treasures Throughout the Successive Dynasties* (*Lidai Sanbao ji*) and Its Role in the Formation of the Chinese Buddhist Canon”, in *Spreading Buddha’s Word in East Asia: The Formation of the Chinese Buddhist Canon,* edited by Jiang Wu and Lucille Chia, Columbia University Press, 2016, pp. 109-142.

陈志远《〈历代三宝纪〉三题》,《文献》2016 年第 5 期，第 127—133 页。

——《辨常星之夜落—中古佛历推算的学说及解释技艺》,《文史》2018 年第 4 期，北京：中华书局，第 117—138 页。

K. 破邪论、辩正论、法琳别传

砺波护著，韩昇等译《隋唐佛教文化》，上海：上海古籍出版社，2004 年。

李猛《抑佛与护法：唐初抑佛政策演变与僧团回应》，复旦大学博士论文，2017 年。

敦煌本 *

《破邪论》：羽 4-300v10[3]

《辩正论》：P.3766, P.3617

《法琳别传》：P.3686

L. 集神州三宝感通录

《美术史资料として読む：『集神州三宝感通录』釈読と研究（一）-（十一）》，东京：早稻田大学大学院东洋美术史，2011—2018 年。

M. 善慧大士語錄

松崎清浩《南朝仏教における一考察—特に傅大士を中心として—》,《驹沢大学大学院仏教学研究会年报》第 16 号（1983），第 62—69 页。

张勇《傅大士研究（增订本）》，上海：上海人民出版社，2012 年。

魏斌《南朝佛教与乌伤地方》,《文史》2015年第3辑，北京：中华书局，第79—116页。后收入氏著《“山中”的六朝史》，北京：三联书店，2019年，第213—273页。

N. 国清百录

释可潜《天台智者大师行迹资料汇编》，北京：社会科学文献出版社，2016年。

池田鲁参《国清百录の研究》，东京：大藏出版，1982年。

Chen Jinhua, *Making and Remaking History: A Study of Tiantai Sectarian Historiography*, The International Institute for Buddhist Studies of the International College of Advanced Buddhist Studies, 1999.

池丽梅《智顗圆寂后的天台山僧团与隋炀帝—〈国清百录〉成书年代考》,《佛教文化研究》第二卷，南京：江苏人民出版社，2016年。

O. 北山录

富士平《北山录校注》(上下)，北京：中华书局，2014年。

王闰吉《北山录校释》，北京：中国社会科学出版社，2014年。

东京大学东洋文化研究所三教交涉史研究班《北山录译注(一)》,《东洋文化研究所纪要》第八十一册，1980年。

——《北山录译注(二)》,《东洋文化研究所纪要》第八十四册，1981年。

——《北山录译注(三)》,《东洋文化研究所纪要》第八十九册，1982年。

P. 大宋僧史略

富士平《大宋僧史略校注》，北京：中华书局，2015 年。

Albert Welter, *The Administration of Buddhism in China: A Study and Translation of Zanning and the Topical Compendium of the Buddhist Clergy (Da Song Seng shilue)*, Cambria Press, 2018.

— “Confucian Monks and Buddhist Junzi: Zanning’s Topical Compendium of the Buddhist Clergy（大宋僧史略）and the Politics of Buddhist Accommodation at the Song Court”, in *The Middle Kingdom and the Dharma Wheel*, edited by Bernard J. ter Haar, et. al. Brill, 2016, pp. 222-277.

Q. 佛祖统纪

释道法《佛祖统纪校注》，上海：上海古籍出版社，2012 年。

西胁常记《中国古典社会における佛教の诸相》，东京：知泉书馆，2009 年。

=> 石立善译《〈佛祖统纪〉诸文本的变迁》，《哲学门》第十五辑，北京：北京大学出版社，2007 年，第 93—112 页。

俞信芳《略论〈佛祖统纪诸文本的变迁〉——兼涉〈佛祖统纪校注〉》，《中国佛学》第 40 期，北京：社会科学文献出版社，2017 年，第 76—83 页。

R. 吉藏注疏

平井俊荣《中国般若思想史研究：吉蔵と三论学派》，东京：春秋社，1976 年。

S. 经律异相

董志翘《〈经律异相〉整理与研究》，成都：巴蜀书社，2011年。

董志翘《经律异相校注》，成都：巴蜀书社，2018年。

白化文、李鼎霞《〈经律异相〉及其主编释宝唱》，《国学研究》第2卷，北京：北京大学出版社，1994年，第575—596页。

苏锦坤《宝唱〈经律异相〉所引之〈阿含经〉——试论水野弘元教授的〈增一阿含经解说〉》，《福严佛学研究》第2期（2007），第91—160页。

陈志远《宝唱著作杂考——齐梁佛书编纂的一个断面》，徐冲编《中国中古史研究》第七卷，上海：中西书局，2019年，第208—260页。

T. 法显传

章巽《法显传校注》，北京：中华书局，2008年。

王邦维《法显与法显传——研究史的考察》，《世界宗教研究》2003年第4期，第20—27页。

二、子史

A. 正史

宫川尚志《晋书道教史料稿》，《东海大学文学部纪要》第

44 辑（1985），第 27—49 页。

——《宋书佛教史料稿》，《东海大学文学部纪要》第 13 辑（1969），第 3—23 页。

——《南齐书佛教史料稿》，《东海大学文学部纪要》第 14 辑（1970），第 87—104 页。

——《梁书佛教史料稿》，《东海大学文学部纪要》第 15 辑（1971），第 49—78 页。

——《陈书佛教史料稿》，《东海大学文学部纪要》第 11 辑（1961），第 19—28 页。

——《魏书佛教史料稿》，《东海大学文学部纪要》第 41 辑（1984），第 45—80 页。

——《北齐书佛教史料稿》，《东海大学文学部纪要》第 40 辑（1983），第 1—14 页。

——《南史、北史佛教史料稿》，《东海大学文学部纪要》第 43 辑（1985），第 29—41 页。

——《北朝正史道教史料稿》，《东海大学文学部纪要》第 45 辑（1986），第 43—64 页。

杜斗城《正史佛教资料类编》，兰州：甘肃文化出版社，2006 年。

B. 建康实录

张忱石点校《建康实录》，北京：中华书局，1986 年。

《宋本建康实录》，北京：国家图书馆出版社，2017 年。

张学锋《新版〈建康实录〉整理说明》，《南京晓庄师院学报》2019年第5期，第23—26页。

C. 严全文

严可均编《全上古三代秦汉三国六朝文》，北京：中华书局，1958年。

D. 艺文类聚

汪绍楹点校《艺文类聚》，上海：上海古籍出版社，1998年。

E. 金楼子

许逸民《金楼子校笺》，北京：中华书局，2013年。

熊清元《金楼子疏证校注》，上海：上海古籍出版社，2014年。

F. 荆楚岁时记

宋金龙校注《荆楚岁时记》，太原：山西人民出版社，1987年。

守屋美都雄译注，布目潮风、中村裕一订补《荆楚岁时记》，东京：平凡社，1978年。

萧放《〈荆楚岁时记〉研究——兼论传统中国民众生活中的时间观念》，北京：北京师范大学出版社，2000年。

守屋美都雄《荆楚歳时记の资料的研究》，《大阪大学文学部纪要》1954年第3期，第45—113页。

G. 玉烛宝典

《玉烛宝典》，古逸丛书本，上海：华东师范大学出版社，2017年。

《玉烛宝典》，浙江大学古籍所编《中华礼藏·礼俗卷·岁时之属》第一册，杭州：浙江大学出版社，2016年。

依田利用《玉烛宝典考证》，1840年。

http://dl.ndl.go.jp/info:ndljp/pid/2551562?tocOpened=1

吉川幸次郎《玉烛宝典·题解》,《岁时习俗资料汇编》二《玉烛宝典》，台北：艺文印书馆，1994年。

H. 颜氏家训

王利器《颜氏家训集解》，北京：中华书局，1993年。

I. 水经注

杨守敬、熊会贞《水经注疏》，南京：江苏古籍出版社，1989年。

Petech, *Northern India According to the Shui-Ching-Chu,* Istituto Italiano per il Medio ed Estremo Oriente, 1950.

J. 十六国佚史

五胡の会编《五胡十六国霸史辑佚》，新潟：燎原书店，2012年。

陈勇《〈资治通鉴〉十六国资料释证：汉赵、后赵、前燕国部分》，北京：中国社会科学出版社，2010年。

——《〈资治通鉴〉十六国资料释证：前秦、后秦国部分》，北京：中国社会科学出版社，2015年。

三、文集

赵幼文《曹植集校注》，北京：人民文学出版社，1998年。

俞绍初《建安七子集》，北京：人民文学出版社，2005年。

楼宇烈《王弼集校释》，北京：中华书局，2009年。
陈伯君《阮籍集校注》，北京：中华书局，1987年。
郭庆藩《庄子集释》，北京：中华书局，2012年。
鲁迅整理《嵇康集》，《鲁迅辑录古籍丛编》第一卷，北京：人民文学出版社，2001年。
戴明扬《嵇康集校注》，北京：中华书局，2014年。
张富春《支遁集校注》，成都：巴蜀书社，2014年。
袁行霈《陶渊明集笺注》，北京：中华书局，2003年。
顾绍柏《谢灵运集校注》，台北：里仁书局，2014年。
俞绍初、张亚新《江淹集校注》，郑州：中州古籍出版社，1987年。
丁福林《江文通集校注》，上海：上海古籍出版社，2017年。
陈庆元《沈约集校笺》，杭州：浙江古籍出版社，1995年。
Richard. B. Mather, *The Age of Eternal Brilliance*, Brill, 2003.
徐晓方《王宁朔集校注》，北京：群言出版社，2017年。
黄大宏《王筠集校注》，北京：中华书局，2013年。
林家骊《吴均集校注》，杭州：浙江古籍出版社，2005年。
罗国威《刘孝标集校注》，北京：学苑出版社，2003年。
王京洲《陶弘景集校注》，上海：上海古籍出版社，2009年。
俞绍初《昭明太子集校注》，郑州：中州古籍出版社，2001年。
萧占鹏等《梁简文帝集校注》，天津：南开大学出版社，2015年。
陈志平、熊清元《萧绎集校注》，上海：上海古籍出版社，

2018 年。

倪璠注，许逸民点校《庾子山集注》，北京：中华书局，1980 年。

吴兆宜《徐孝穆集笺》，台北：世界书局，1963 年。

许逸民《徐陵集校笺》，北京：中华书局，2008 年。

萧统编，李善注《文选》(胡克家本)，北京：中华书局，1977 年。

罗国威《日藏弘仁本文馆词林校注》，北京：中华书局，2001 年。

四、小说

A. 世说新语

余嘉锡《世说新语笺疏》，北京：中华书局，2008 年。

《宋本世说新语》，北京：国家图书馆出版社，2017 年。

=> 資料二

B. 观音应验记

牧田谛亮《六朝古逸観世音応験记の研究》，京都：平乐寺书店，1970 年。

董志翘《观世音应验记三种译注》，南京：凤凰出版社，2002年。

衣川贤次《傅亮『光世音応験记』訳注》，《花园大学文学部研究纪要》二九，1997 年。

——《张演『続光世音応験记』訳注（上）》，《花园大学文学部研究纪要》三一，1999 年。第 1—5 则。
——《张演『続光世音応験记』訳注（下）》，《花园大学文学部研究纪要》三三，2001 年。第 6—10 则。
佐野诚子《陆杲『繋観世音応験记』訳注稿（一）》，《名古屋大学中国语学文学论集》第 29 辑，2015 年。第 1—20 则。
——《陆杲『繋観世音応験记』訳注稿（二）》，《名古屋大学中国语学文学论集》第 30 辑，2017 年。第 21—50 则。
小南一郎《六朝隋唐小说史の展开と佛教信仰》，福永光司编《中国中世の宗教と文化》，京都：京都大学人文科学研究所，1982 年，第 415—500 页。
陆帅《晚渡北人と南朝観世音信仰—三つの『観世音应验记』を手がかりに—》，京都大学大学院人间・环境学研究科《历史文化社会论讲座纪要》第 13 号（2016），第 1—18 页。

C. 冥祥记

王国良《〈冥祥记〉研究》，台北：文史哲出版社，1999 年。
Robert Campany, *Signs from the Unseen Realm: Buddhist Miracle Tales from Early Medieval China*, University of Hawaii Press, 2012.

D. 幽明录

鲁迅《古小说钩沉》，《鲁迅辑录古籍丛编》第一卷，北京：人民文学出版，2001 年。
Zhang Zhenjun, *Buddhism and Tales of the Supernatural in*

Early Medieval China: A Study of Liu Yiqing's (403–444) Youming lu, Brill, 2014.

E. 异苑

《异苑·谈薮》，北京：中华书局，1996 年。

Robert Campany, *A Garden of Marvels: Tales of Wonder from Early Medieval China*, University of Hawaii Press, 2015.

F. 冤魂志

罗国威《冤魂志校注》，成都：巴蜀书社，2001 年。

王国良《颜之推〈冤魂志〉研究》，台北：文史哲出版社，1995 年。

池田恭哉《南北朝时代の士大夫と社会》，东京：研文出版，2018 年。

G. 启颜录

董志翘《启颜录笺注》，北京：中华书局，2014 年。

资料二　《世说新语》佛教史料

《世说新语》成书早于《高僧传》，所载之事更在鸠摩罗什来华以前，撰写者出于世俗立场观察佛教，尤为可贵。今标举余嘉锡《世说新语笺疏》中的卷数和条目。正编是和佛教僧人、佛教义理、佛教寺院直接有关的记载，不论是本文还是刘注；附编是和佛教稍有关系，道教或者疑似佛教，以及重要佛教居士的事迹，或者笺疏中有益于理解佛教史的考证。仅供参考。

正编

【01-30】

【02-39】【02-41】【02-45】【02-48】【02-51】【02-52】【02-63】

【02-75】【02-76】【02-87】【02-93】【02-97】

【03-18】

【04-23】【04-25】【04-30】【04-32】【04-35】【04-36】【04-37】

【04-38】【04-39】【04-40】【04-41】【04-42】【04-43】【04-44】

【04-45】【04-47】【04-48】【04-50】【04-51】【04-54】【04-55】

【04-57】【04-59】【04-61】【04-64】【04-85】

【05-26】【05-45】

【06-28】【06-31】【06-32】

【07-17】【07-28】

【08-48】【08-83】【08-88】【08-92】【08-98】【08-110】【08-114】

【08-119】【08-123】【08-136】

【09-42】【09-54】【09-60】【09-64】【09-67】【09-70】【09-76】

【09-85】

【10-24】

【14-29】【14-31】【14-37】

【17-11】【17-13】

【18-11】

【20-10】

【21-08】【21-10】

【24-07】

【25-21】【25-22】【25-28】【25-43】【25-49】【25-51】【25-52】

【25-21】【25-57】

【26-03】【26-21】【26-24】【26-25】【26-30】

【27-11】

【33-11】【33-17】

附编

【01-39】注 1：王氏奉天师道。【01-40】注 2：殷氏奉天师道。

【02-69】注 2：许询。【02-73】注 1：许询斋。

【03-12】王导弹指言“兰阇”。案：本文未言所对是胡僧，只云胡人。

【07-25】郗超与傅亮，郗嘉宾有《奉法要》传世，其余著作见陆澄《法论》目录，傅亮作《应验记》。

【10-13】注 4：张子布宅对瓦官寺门。【14-32】注 2：谢尚在佛国门上弹琵琶。

【18-08】注 4：上明。荆州有上明寺。【18-17】郗恢与谢敷。

【23-38】注 2：刘遗民。【23-50】桓玄字灵宝。

【25-53】郗超。

资料三　北朝及隋佛教人物墓志

梶山智史《北朝隋代墓志所在総合目録》（东京：汲古书院，2013 年）总括唐前墓志，极便利用。今检其书，辑出志主为佛教僧尼、居士的墓志、塔铭 24 件。又就管见所及，增补 13 年以来新刊布墓志 2 件，研究若干篇。此外世俗人物墓志中言及佛教信仰者所在多有，留待日后。

【1】86 惠猛法师墓志

集释 307，题跋 132 右，检要 202，北图 3-116，汇编 507，时地 282，补遗 411，鲁迅 3-261

【2】154 僧芝墓志

拾零 19，王珊 2008

【增补】Stephanie Balkwill, “What does the earliest-known dated biography of a Buddhist nun in China tell us about how Early Medieval women practiced their religion?”, presented at the international conference “Production, Preservation and Perusal of Buddhist Epigraphy in Central and East Asia”, 2019, Oxford.

【3】199 尼慈义（高英）墓志

集释 28，题跋 137 左，检要 101，北图 4-57，汇编 102，选编 神龟 2，时地 102，补遗 149，碑校 4-382，集萃 8-34，北大

181，景州 25，洛少 308

【4】210 比丘尼慧静（乞伏高月）墓志

选编 神龟 7，补遗 153，碑校 5-16，辑绳 29，洛少 13

【5】229 安憙僧达法度铭

汇编 113，补遗 160，砖刻 0958

【6】304 比丘尼统慈庆（王钟儿墓志）

集释 239，题跋 140 左，检要 131，北图 4-163，汇编 146，选编 正光 37，时地 145，补遗 22，碑校 5-266，百种 10，集萃 8-50，淑德 72

【7】305 孙辽浮图铭记

集释 240，题跋 140 左，检要 132，北图 4-168，汇编 147，选编 正光 38，补遗 196，碑校 5-276，鲁迅 1-773，集萃 8-51，山东 50，山东志 549，淑德 73

【8】586 慧光法师墓志

碑校 7-201，中书 2005-3，中原 2006-1，赵超 2006，文春 2009-5，安丰 160

【增补】叶炜、刘秀峰《墨香阁北朝墓志》，上海：上海古籍出版社，2016 年，第 16 号。陈志远《从〈慧光墓志〉论北朝戒律学》,《人文宗教研究》第 8 辑，北京：宗教文化出版社，2017 年，第 80—104 页。

【9】588 比丘净智师塔铭

北图 6-47，汇编 326，补遗 357，碑校 7-205

【10】697 瑶光寺尼慧义砖志

田熊信之 2009

【11】718 □道明墓志

汇编 388，补遗 56，辑校 8-268，新中国 河南壹 146，山阳 59，书丛 2010-2

【12】769 比丘尼灵弁墓志

淑德 153

【13】770 比丘尼惠寂墓志

题集 62

【14】811 法懃禅师墓志

集释 328，题跋 150 右，检要 245，北图 7-112，汇编 413，碑林 66-992，补遗 82，碑校 9-91，越缦 1086，英华 125，集萃 8-94，鸳鸯 156，文库 524，彭州 124

【15】812 比丘尼垣南姿墓志

检要 245，考 1959-1，河金 233，梶山智史 2013

【16】899 僧贤墓志

田熊信之 2010，田熊信之 2011，安丰 318

【增补】王连龙《新见北朝墓志集释》，北京：中国书籍出版社，2013 年，第 41 号。

圣凯《僧贤与地论学派——以〈大齐故沙门大统僧贤墓铭〉等考古资料为中心》，《世界宗教研究》2017 年第 2 期第 63—74 页。

圣凯（村田澪译）《僧贤と地论学派——“大齐故沙门大统僧贤墓铭”等の考古资料を中心として》，金刚大学佛教文化研究所编《地论宗の研究》，东京：国书刊行会，2017 年，第 39—63 页。

【17】906 比丘尼道洪砖志

北图 8-6，补遗 113，砖刻 1042

【18】1395 惠云法师墓志

集释 388，题跋 154 右，检要 292，隋唐五代 江苏 4，补遗 27，汇考 2-128

【增补】陈志远《六朝的转经与梵呗》，《佛学研究》2017 年第 2 期，第 85—102 页。

【19】1406 静证法师塔记

集释 600，题跋 154 右，检要 293，隋唐五代 北京 1-7，选粹 2，百品 87，碑帖菁华

【20】1417 比丘张修梵墓志 集释 393，题跋 155 左，检要 293，北图 9-102，隋唐五代 江苏 5，补遗 159，汇考 2-183，山东 51，北大 97，碑帖菁华

【21】1477 比丘道寂塔记

集释 602，题跋 156 右，检要 302，北图 9-136，隋唐五代 北京 1-11，碑帖菁华

【22】1527 慈明塔记

检要 307，隋唐五代 北京 1-15，碑帖菁华

【23】1715 郑志修塔述

北图 10-62，北京 1-26，时地 279，疏证 600，碑帖菁华

【24】1899 □□法师墓志

汇考 6-186

【25】#1 比丘尼法容墓志

殷宪主编《北朝艺术研究院藏品图录》，北京：文物出版社，2016 年，第 19 号。

【26】#2 童真墓志

刘文编《陕西新见隋朝墓志》，西安：三秦出版社，2018 年，第 41 号。

考研日忆往

冬至日。正赶上考研第一天，也是公共课的考试结束。夜幕初降路过北科大西校门，听考生们走在路上对数学题的答案。那景象有点壮观。今年还有位本科同学在我的《续高僧传》读书会上，考研前一周还来跟我们读这，我很感激。问他战果如何？小林回问了一句，老师当年是保送的吧？我突然觉得有好多好多故事想讲。

考研对许多人来说，预示着可以得到一个更高的学历，还意味着可以调换到一个更好的学校。对我来说这些都不重要，重要的只有一件事，从理科生做回文科生。

考研以后我落下一个心病。直到博士期间还在做这样的梦，梦见我读的这些学位都清零了，又回到高三毕业班，又要考数学、物理了。我原本是以理科参加高考的，并不惧怕这些，考研的科目也没有这些，只是考研把一个闲散的大学生拉回高三的节奏，那种感觉太累心了。

一

我怎么成了理科生呢？这事说起话长，简单地说，我喜欢和聪明人在一起。我高中那个理科班，在文艺方面也比文科班强。可是到了北大，却觉得特别压抑。我的专业是环境科学。这是个新兴的交叉学科，也就是围绕现实的需求，什么都学点，什么都别深究。我们的课程里有水化学、大气物理、分子生物学、生态学、毒理学、环境经济、环境评价，都是浅尝辄止。我是那种学物理恨不得看看亚里士多德和牛顿的人。

大一的上半过完，我跟家人提出转系，我想学中文系，研究文学史。我家人觉得我疯了，周围的人也几乎没有人支持。有人说，喜欢就去做啊，家人朋友的意见又如何。也有人说，喜欢也不一定当职业，可以业余搞。但不管怎样，说出这个决定，我承受的压力大概好比男同出柜。在此之前，我走在一条顺行道上，我努力的方向就是我家人和社会希望我做的。从此之后，我们的理想就分叉了。

我也曾想过是否可以业余，觉得还是不行。首先我比较认真，比较爱钻。为了钻一个事必然要花掉整块的时间。那种企业家宣称的“百战归来再看书”，后来证明都是扯淡。没有专业训练和一定的项目制压力，根本无法思考和工作。再就是社会也不允许了。科举时代读书是一个在城乡能否获得普遍尊重的生活，也是足以维生的手段。现在职场里读竖版书，人皆侧目。体制外的生存需要极大的毅力。当时肯定没有这么清晰，可还是决定转系。

转系考试在大一的下学期。那是2003年，正赶上非典。我周末回家就没能再回学校。等我再去参加补考的场次，那场只有我一个人。我现在还记得那一天下午，响晴白日，我被安排在静园五院一间会议室里，题目是一张小纸条，两问：1. 你为什么要转入中文系；2. 翻译一段古文，是《孟子见梁惠王》。教务是个老太太，姓任，我进去之前跟我絮絮叨叨说了转系之后排课怎么麻烦，要从大一重新开始什么的。我坐在那里，这些事务性的问题就一直在我脑子转，最终心烦意乱，交了白卷。我一个人回了家，瘫软在家里的皮沙发上，哭，骂，骂别人，骂自己，直到日头西沉。

从此之后，我断了念想，但也和我家人谈好，只要拿到本科学位，考研由我决定。也就在那之后，我开始逃课，整学期地逃。我经常一个人跑到北海旁边的国图老馆，那时还不是古籍部，有一般阅览室。随便地读，中午在阳台上看北海的白塔。白天是爽了，晚上回到家里，翻江倒海的悔恨和自责。

大二、大三两年的暗无天日，远远的却有一颗明亮的星，那就是杨老师。从大一上开始，我选了哲学系杨立华老师的“中国古代思想世界”，第一次课讲的是一首北岛的诗，看不懂，老师讲了懂一半。往下讲先秦那些子，也不懂，但很独特。中学时代，我喜欢读文言文，可那只是个知识上的优势，比别人答题分高，并没有觉得有什么用，更没有觉得古代的东西“可以给现实的生活一个支点”（这是杨老师的原话）。大一下，我去旁听哲学系“中国哲学史”课程，那是通选课的专业版。正讲到魏晋玄学。杨老师写了一篇文章，题曰《在世的眩晕》，大概是用尼采哲学的一些概念重新诠释鲁迅提出的药及酒，一下把我讲懂了！！我从那里读到竹内好的《鲁迅》(那时的版本不是孙歌翻译的，好像是戈宝权，是个小红本)，读叶嘉莹《汉魏六朝诗论稿》，读阮籍的诗。我的网名也就是从鲁迅的文学史提纲里得到的。酒·药·女·佛，这是四种事相，它所环绕的精神，就是我学问的初心。我迷恋那种东西，觉得人生就该那么过。

大二以后，哲学系搞了本科生导师制，杨老师带几位学生读《传习录》，也叫了我。我记得当时，杨老师是所有北大老师里唯一一位能叫出我名字的人。从高三到大一一整年，我都只是一个学号，很难形容被老师叫名字时候的亲切和感动。

尽管杨老师和许多儒家一样，都对宋明儒者推崇备至。但我总之不好王阳明和宋明理学那一套。日后与杨老师的很多想法不一样，甚至有比较激烈的反应，但是心里一直觉得那是我在北大的启蒙老师，也是我做一个文科生的启蒙老师。

因为杨老师本科是浙大热力系的，我从老师的奋斗轨迹获取力量。最近在喜马拉雅上听他的《四书精读》，可能是有娃了，老了，格外喜欢回忆过去，以前对我们很少讲。我才知道杨老师跟我不一样，他是个强者，喜欢智力游戏，我是真怂，逃课了成绩一路往下。

我还庆幸有个有趣的室友，家里是音乐世家。外公是刘天华的弟子，父亲是二胡演奏家。但他父母早年离异，自己一个人在国内生活。他是北大民乐团的，我们都叫他团长。非典隔离期间，他家住在团结湖东方歌舞团的宿舍，离我家很近。他经常叫我去听琴。不只是二胡和笛箫，还有小提琴和钢琴。其实他更喜欢西乐。

后来我们就成了难友，到期末互相交流哪里可以借到笔记，哪门课比较容易挂人。也一起听课，比如杨老师的课。有一次他请我去听琴，晚上关了灯，点上一支小蜡烛。演奏完哭了，泣不成声。我说其实我们都有好学生基因，想做的事没有身份，不想做的事又不安于混，这太拧巴了。他表示同意。

在我决定考研之前，他有一个星期没有来学校。之后给我发了一条短信，说找到女朋友了。等来了我们问怎么回事，说是偶然梦见高中的一个同学，联系了一下就成了。女友当时考托福，他也跟着考。最终拿到了匹茨堡大学的offer，专业是ethnomusicology。临走前他挺自豪地跟我说，他是以史上最低成绩拿到奖学金的。因为他点儿背，本科挂了两门，最冤的是军事理论，五百人的大课挂两个，就有他。如此奇缘，只能说天降大任，天命难违吧。

二

我又怎么决定考英语系了呢？这事得从学法语说起。我和团长会互相推荐一些课，他也上杨老师的哲学史，我跟着他上了一门西方古典音乐。那绝对是北大消逝的美好事物之一。德语系一位退休的老先生，严宝瑜教授，当时八十多岁了，每周三晚上骑一辆小自行车，带着自己收藏的碟片到图书馆南配殿给学生边放边讲。

严老师跟我们说，年轻人要学好外语，最好多学几门外语。期末考试的内容是要听辨，用英文写出曲名和作者，还要考名词解释，其中比如 idée fixe 是法文，还有渐强、渐弱那一堆是意大利文，都要记住。因此我们几个上课的同学商量，要不辅修门二外吧。结果林云和戴翰程选了德语，我和杰阳、杨涛选了法语。

学外语我肯定算是笨的，尤其听说。但我特别享受这个过程，单纯学习的过程。就是前头说的，那种不分岔，只管向前的奋发。我们每天早晨到北阁北边那个小山坡念单词，坡这边是法语，坡那边是德语。然后一起吃早饭。辅修课程每周六课时，比专业都重，基本撑起了在校生活的节奏。我又重新做回好学生了。

特别感恩的是辅修还有外教，我们的第一个外教是巴黎高师的博士，Emilie，研究政治哲学和英语语言学，那真是班里男生女生的女神。按说第一学期学生的程度极低，可是每次课结尾，老师都会给我们听一首法文歌曲，发给我们歌词。有一次的歌词是魏尔伦的诗。这是我后来比如学日语从来没有过的愉悦，大家都喜欢学，喜欢那个文化，不是为了读文献，考 TEF。

在考研的专业上我犹豫了很久。知道肯定不会留环院，但去哪里呢。杨老师劝我学哲学，可我不太亲近理学；也想考古代文学，杨老师说不如学现代，比古代易于借鉴思想资源。这是对的，所以也读鲁迅的研究，读《中国现代文学三十年》。可学了法语以后，人终于在一条现成的轨上。于是就想能不能再跑快点，直接报法语系呢？

当时班上有位助教何丹老师，我很喜欢她的风度。个子不高，也笑，但自有一种威严。班上有几个调皮捣蛋的，不敢冒犯她。她跟我说为我考虑，英语系更好，毕竟学习多年，而且辅修法语作为二外，成绩比英语系本系的有优势。事情就这么决定了。为这个决定，我也几夜睡不着，最终感冒一场，几无生趣。

这里边还有一个我最歉疚的事，便是辜负了韩老师。我们专业和地理系同属环境学院，地理系下设历史地理。我们都听说历史地理课老师讲课有意思，而且成绩不担心，平均85以上。韩茂莉老师讲话慢条斯理的，一个频率，像念稿子一样精炼，但其实没有稿子。上课倒也罢了，主要是韩老师对学生特别殷切。她有一些很固执的想法，比如本科最反映学生的智商，又比如理科生脑子比文科生清楚。智商高而脑子清楚，是做学问最重要的条件，什么基础知识都可以后来补上。历史地理在我们系是边缘，可按照韩老师这个标准，只要对历史地理表现出兴趣，韩老师都会像个宝一样地培养。

原来韩老师家和我家在一个小区，我经常和韩师谈到比较晚，然后一起骑车回家。两年以前转中文系没成留下的种种困惑，学文科生计没着落，家里人不支持，做学术辛苦等等世俗的担心都说了。真像一个孩子和家里大人谈话。以前哪想过有个北大教授能听自己说这些破事啊！那个时候，我好像真把北大当家了。

后来等我报考了英语系，同学问我为什么没保送历史地理。我大概意思是说，仍然觉得历史地理的学科定位比较暧昧，和理科脱离得不干净，不是传统学问。我想做纯人文的学问，再不想和理科有半分瓜葛。话传到韩老师耳朵里，把我叫去痛斥了一顿。韩老师当时非常自信地说，中国传统学问如果有什么还对现代学术有价值，那就是历史学。你觉得历史地理是个舶来品，只能说读的太少，根本不会读书。古人的思想是在字里行间体现出来的，不是极有心的人根本发掘不出来。然后顺口给我举了四五个例子，从上古到近代，都是有关农业地理，种麦子之类的事。又说，英语系的人只掌握一门外语而无专长，你们现在条件这么好，自学也能办到，那样的话英语专业就不是专业，和文盲没有区别了。如果想做研究，没有一技之长，怎能自立？

我当时也很冲动，我说第一，不能因为中国乒乓球打得好田径不行，我们全部运动员都打国球，不练田径。喜欢的东西不计较成败。第二，英语系不是文盲，除了语言技能，语言配套着一种世界观，一种新的思维方式。最后韩老师也同意了我说的第二点。

这件事最令我汗颜的是，我考上英语系，又离开英语系回去做历史，回也没有回历史地理，还是坚持纯人文，两次都是韩师帮我写的推荐信，而且跟我说，你以后也要注意从地理的角度去看问题，毕竟在系里学过，都忘了也有基础。这种老师恐怕天下不易寻吧。再说句得罪人的话，恐怕只有北大才有。

三

决定做了，就要实施。北大外院有个特别的规定，本科生的课资源有限，严禁旁听。我和杰阳两人只能去大三、大四的专业课，有时也会赶人的。不赶人的只有 Rendall 老师的《神曲》课。阮爷爷一副圣诞老人的模样，很负责任。上课只能听懂 10%，第一节课是介绍天主教的基本教义。老师布置说我们每次读两个 canto，我不知道 canto 是什么意思，解释了半天才明白。

另外一门是丁宏为老师的英国文学史（下），从华兹华斯开始到 20 世纪，教材是 *Norton Anthology of English Literature*。丁老师的口语比较慢，但内容深邃。个别时候用中文表达。逐渐熟了我们就说了要考研的想法，看他作为系主任有什么建议。丁老师说，考研现在成了一种文化，社会上有各种各样的说法，我只建议你们，用心读专业的书，不要相信那些。语言能力和思考能力是分不开的，阅读细节是唯一的方法。

我们就去分头准备了。2005年暑假，我对照汉译本和Bantam系列的英译，把《神曲·地狱篇》反复过了四遍。注释也看。开始用韦氏词典，后来用金山词霸之类的软件，又回去用韦氏。然后是《诺顿文选》里的major authors，但没有中译就差很多。人不是机器，总有累的时候，那就看《余光中全集》，里边谈翻译的文字很有意思。其中提到董桥的《英华沉浮录》，意外地在书摊上买到一套。对中文和英文的特点若有所悟。

开学回来，才知道杰阳那边好像是把和合本圣经《旧约》读了，至少摩西五经都看了。我又开始读马修·阿诺德的《文化与无政府状态》，这次不特别需要对照了，但是韩敏中老师的译本太典雅了，爱不释手。考上以后有机会上过韩老师的课，很着迷那种上海式的叙述节奏，英文表达意犹未尽就换中文，中文不够又讲英文。我才明白，原来在文选里读的那些，也差不多是系里几位老师的理念，也部分影响了我。不仅仅是思想，还有文体的趣味和思考习惯。他们都反对才子气泛滥，韩老师说，The impressionistic criticism interprets nothing。从此，要有人觉得文学研究就逞才使气，就是凭感觉瞎说，我只能呵呵。

9月开始，去报了考研班。那体验真的挺辛酸的。上课地点在中央民大一个大礼堂里，约有一千人。厕所在门外，很小。中午听课的人出去吃泡面，和厕所的味道混在一起。讲课是人大的陈先奎，极其粗鄙，在台上说我年轻的时候最喜欢哲学，诗歌云云。也说不上厌恶，只觉很荒谬，哭笑不得。

整个培训也就十天左右。考上以后说起这段，丁教授表示很不屑。他考过两年，还要找住处，比我辛苦一万倍。不过重要的是，硕士英文，博士历史，由于地利之便分别参与过考研政治和英语的阅卷。细节就不讲了，怕惹事，我们的结论是，与其准备怎么答题，怎么写作文，不如买本庞中华书法字帖把卷子写得顺眼点儿……

四

考上可真是侥幸。我那年只有三道题，第一题是分析诗歌。作为考研生活的调剂，我上了陈怡怿老师的《圣经》和胡续冬的诗歌课。课上恰好讲过一首爱尔兰诗人 Seamus Heaney 的诗，就是我们的考题。诗里有些不认识的词，要是没讲过，分析起来会很麻烦。第二题是谈《圣经》对文学的影响，略具常识总有话说。第三题忘了。北外的卷子都是考基本功，一堆选择、完型，跟高考一样。我们之后北大英语系是七道题，还有美国文学和文论，不能选答。我是托了考题粗放的福混过去的。遗憾的是，和我一同考研的杰阳却没上，他水平比我高，对诗歌的感觉也比我好，也有热情。造化弄人。现在中大研究诗经、尚书之学，也算托身得所了。

英语系的考研率极低，从环境学院转来英语系，从理科生变成文科生，这是我人生最自豪的经历之一（另一次是去京都大学访学，以后有空再谈吧）。此前高考能上，因为学校是重点，北京分数又低；此后换到历史系，除了老师眷顾，只是日常积累而已。唯有这次是在全无外力的环境里独立支撑做到的。当时被问及考不上怎么办，每每引“明朝散发弄扁舟”之句搪塞，真要怎么弄，自己也没想法。

要描述我在英语系学到的东西是困难的，我本想继续写下去，但感觉有些气弱。我只能说，在那里形成了世界观。以我英语水平之差，在外人面前有点羞于谈起自己是英语系出身，可我内心又无比认同这个身份。我还想说，那段时光也是我最安适的读书时间，这与整个社会的文明程度有关。对这个社会来说，本科的竞争力不够，博士又成了怪物，他们看着最顺眼的就是有点专业技能的硕士。我本科既然别扭，博士更是十恶不赦，硕士三年便成了与家庭、与社会关系最为缓和的时期。使我得以从容地读我的书，考虑我的未来。

人生七转八弯，好像长了反骨，在我自有内里的逻辑，这也难说。确对环境有各种埋怨，但有一件事是清楚的，就是总比本科四年好！那是一个深不见底的黑洞，孤独，荒谬，虚无，迷茫，为了克服那些，我结识不同个性的老师、学友，在家庭之外构筑自己的小世界。我要确保，当我一个人去答那张卷子的时候，我不会再因为软弱而放弃。

脱脱不花[1]展示过《新华字典》的一個例句："张华考上了北京大学；李萍进了中等技术学校；我在百货公司当售货员：我们都有光明的前途。"（1998 修订本，第 673 页）这也是我通过考研要实现的梦，在外人看来，这是个熊市，是人往低处走，是从朝阳走向夕阳，可在我看来，众鸟欣有托，吾亦爱吾庐。随着学术兴趣的转移，我从英语转历史，做佛教接触哲学、艺术，未来也会重拾六朝文学的研究，但那是丸之走盘，我再也不是理科生了，我再不用坐实验室了！志愿是我填的，但我赎身了。我要去争自己的光明了。

只要人生不是数字的比较，不就都有奔头的么？

---

1 陕西师范大学翁彪老师，是我的挚友，平时称呼其网名。

我与东亚佛教研修班的学缘

记取他年耆旧传，与君名字牵连。清风一枕晚凉天，觉来还自笑，此梦倩谁圆。

——稼轩词《临江仙》下阙

陈金华老师发起的东亚佛教研修班，今年已有十个年头了。我从 2013 年开始加入，此后即使不以学员身份参与，出席研讨会、听朋友回来转述，也总好像一直在场。

我博士是历史专业，博二时候对六朝佛教产生兴趣，遂与导师商量以此作为博论的题目。由于导师并不专治佛教，北大哲学系的课程与我的关切亦复途辙有异，一度非常迷茫。一次，荣新江老师在学术规范课上介绍海外的重要刊物，向学生郑重推荐陈金华老师的作品。课后我立即找来《哈佛亚洲学报》上的《梁武帝的无遮大会》一文阅读，顿时被作者细腻扎实的考据吸引了。繁缛而致密的骈文，被准确地移译成典雅的英文；内典和世俗史书交相参证，更重要的是，脚注中的引文向我打开了一座学术的万神殿，告诉我在六朝佛教史这个领域内，近百年间还有许多学者和我一样，关心类似的问题，解读相关的材料。在这个意义上，我并不孤独。我们需要做的，只是在他们的基础上继续坚实地推进！

我从陈老师的脚注中得知日本京都大学的船山徹老师在六朝佛教史所作的一系列精深的研究，这促使我以零基础自学日语，几乎逐字查字典啃下了《捨身の思想》那篇长文，并借助学校的合作项目得以在2012年春夏到京都访学半年。那是我人生最快乐最充实的日子，不过又是另一个故事了。

真正见到陈老师，已经是2013年毕业前夕。那年陈老师来北大讲座，也在北大学生中间宣布暑期班重新开班的消息。我提出想面谈一次，于是在讲座前与陈老师匆匆共进了早餐。感觉陈老师是个勤于笔耕而讷于言辞的人，交谈的内容似乎极简单。但时隔几天，忽然接到一封邮件，陈老师发来了几乎所有专著、论文的电子版。众所周知，陈老师的治学领域宽广，举凡中古政教关系，隋唐宗派乃至日、韩佛教，皆有重要论述。我至今没有读完这些作品，但只要有空余时间，就会随着兴趣翻阅。学术发展到今天，每一个论域都有相当深厚的研究史。但是人的精力总之有限，找到一个好的切入点，便可迅速地掌握学术史的版图。这个切入点当然是与自己年代接近，且视野宏阔最为理想，对我而言，陈老师的研究便是这样的范例。

2016年底，陈老师的论文集出版了中译本，我曾撰写书评，其实本无资格评价，只是叙述我所获得的教益。这里多说几句，以表达我的感激之情。

2013年的暑期班7月在上海召开，那年上海酷热，气温高达40度。研修班开班，高温竟而散去，我们戏称是法雨清凉。后来从上海移住杭州，学员分散开来，女生住在三天竺，男生则在灵隐寺和永福寺。我虽然曾经到过杭州几次，都是西湖边上走走转转，如此生活起居在古寺之中，确是前所未有的体验。

印象最深的是辛嶋老师在杭州佛学院关于早期大乘经典的系列讲座。早听说辛嶋老师是语言天才，不仅熟练掌握佛教学的主要语言梵、巴、汉、藏，还有各种中亚语言。我担心自己听不懂，问他不懂梵、藏文是否可以旁听，辛嶋老师说自然可以，但希望你听过我的课以后立志学习。结果，我万没想到他用中文讲课竟然非常有表现力，谈到《法华经》成立的层次结构，《般若经》古译和新译的差别，阿弥陀净土和盂兰盆的语源，黑板上写了好多好多我不认识的语言，但我始终觉得，佛学并不像想象的那样玄奥，阅读佛经也和阅读史料一样，通过对比、校勘，可以发现许多重要的问题。在结业晚宴上，我问辛嶋老师对学习梵文有何心得和建议，他说，第一要和老师学，自学是不行的；第二要从简单有趣的读物开始，比如《法华经》。我当时童言无忌，说我非常喜欢《法华经》，文辞优美，义理丰富。他好像很高兴，时隔半年再见，突然和我打招呼，问我梵文《法华经》能读了吗？真是惭怍无已，希望今生还有机会学起来吧。

现在回想起来，2013 年那次暑期班就像一个美丽的梦，演绎出了后来的许多事。对我而言最大的收获，还不是老师的授课，而是同期的学员。在我博士四年期间，除了在京都短暂的访学生涯，没有任何同龄人可以交流。古人说独学无友，则孤陋而难成。我只有和文字里的同行学者交流。那次研修班，来自各个学校的学员聚在一起，十余天的共同生活，让我们有更多机会交谈。我有幸结识了孙齐、曹凌、武绍卫、杨祖荣、陆辰叶等几位挚友。我们曾经跑出山门，到飞来峰山下的一间小馆喝酒，啤酒只有 2 度，俗称“怂人乐”，彼此意不在酒，聊以助谈兴。我们谈彼此见到的有趣的新材料，谈研究中的困惑和问题，也恣意褒贬学界的前贤时彦，包括我们的师辈和我们彼此本人，这成了我们惯常的交流方式。那晚淅淅沥沥地下起了小雨，我们绕了老大一圈，酒气散尽才回到寺院。

尤其感到庆幸的，是那次我原本在永福寺单住一间，伍小劼老师要赶论文，提出和我调换房间，我于是与曹凌兄同住数日。我之前只知他研究疑伪经，交谈方知他对佛教的整套教理、仪式有极精湛的理解，并且对道教和摩尼教也有研究。晚上有时我们一起啸聚，回来已极疲乏，那时他好像正关心一件与星占有关的敦煌写本，于是继续录文，还打开电脑上的计算器进行推算。此后数年直到如今，我都对他的天资和勤奋充满敬畏。

研修班散了以后，我们几位朋友又在杭盘桓了两日。一天晚上，我们在西湖东岸一间青旅的天台上闲谈，天上淡淡的云彩遮住了月亮。有个师弟说，这就像佛性一样，有风吹去就亮了。众人大笑，以为名答。

2014 年夏天，我第二次参加暑期班。在广化寺不慎伤到脚，趾甲盖掀掉了。但接下来还有上海、西安两场学术会议，小武和祖荣把我送到地铁口，从南站去了上海，仅隔一天又飞西安，在那里再次与学员们汇合。那次会上有我现在研究室的主任雷闻老师，还有仰慕已久的魏斌老师。以我当时可怜的发表业绩，日后能到社科院历史所工作，很大程度上是凭会上的表现和此前积累的口碑。如果离开研修班这个平台，对我来说是不可想象的。会后，为整个活动辛苦操持的孙英刚老师发了一条微博，说漫步在西安的城墙上，想起一家书店墙壁上铭刻的文字，从这里可以走向梦想的任何地方，颇有豪气。我有一次观看日本 NHK 拍摄的《新丝绸之路》纪录片，最后一集是堺雅人解说长安。这里是丝绸之路的终点，在钟楼上观看熙来攘往的车辆，镜头渐渐拉远，羁旅中的种种情绪仿佛打了一个结。在我求学、求职的历程里，也是各种痛苦、彷徨、绝望，以脚趾的剧痛游走北京、上海、西安一个大三角，路长人困，比起内心的煎熬倒也不值一提了。最后终于获得了一点稳定感，可以说是参加研修班的小小福报。那一次，我也登上了慈恩寺塔，追念起我的那些研究对象，一时百感交集。

2014 年岁末，研修班第一次在寒假期间举办，为了弥补暑期班的遗珠之憾。我也第一次冬季远行，到了峨眉山脚下的大佛禅院。南国地气和暖，满庭茶花犹自盛放。一只巨大的孔雀若无其事地闯进课堂，飞到礼堂的房梁上。有凤来仪，坐在台下心思也不淡定了。

工作以后，我被分配到敦煌做了一年村官。这期间，暑期班落户五台山，寒期班落户在台湾的法鼓山，此后又有菁英培训，规模日渐壮大。我不得自由，就很少参加，不过一直有朋友过去，带来各种信息。我觉得自己仍在研修班织就的网络里，许多时候我们和新朋友一见如故，研修班的共同回忆是我们津津乐道的话题，尽管我们不在同一期。

2017 年 9 月，由上海师范大学曹凌博士发起，组成了中古宗教史青年学者工作坊，其中大多数成员都是研修班的同学。去年年底在岳麓书院聚会，有人提出我们应该感谢陈金华老师，让我们有缘聚在一起。当时我也很感慨，人生何处不相逢，但如果没有研修班这个契机，虽然可能迟早彼此相识，但绝不会结成今天的友谊。

不可否认，无论宗教史学还是宗教学，在中国都是有待建立的学问。数十年后回首，我想陈金华老师的这个讲习班在学术史上应当有它的位置，只是现在评价还为时过早。在此分享过去五年中我个人丝丝缕缕的记忆，感念这段珍贵的学缘。

陈志远

2013 年暑期班

2014 年暑期班

2014 年寒期班

学员

却顾所来径：学习研究六朝佛教史的心路历程

本书[1]收录了我在六朝佛教史领域的若干论文。六朝既是时间断限，也有空间的所指，对应中古史上孙吴、东晋、宋、齐、梁、陈六个朝代。六朝定都建康，疆域大部位于长江以南，也正是在这一成期，江南成为一个文化地域的概念。

佛教史关心佛教的教理、实践与现实的社会发生接触的过程，关心二者的相互作用。佛教作为思想、信仰，在历史中传播，作用于历史；反过来，佛教自身也被外部世界形塑，历史地展现出阶段性的面貌。佛教在六朝江南的展开，构成了一个相对完整连贯的时空单元。本书所收论文，也都集中于此时空单元之内，故题曰《六朝佛教史研究论集》。

后汉至西晋中朝，佛教已有相当的发展，特别是随着犍陀罗佛教写本的研究推进，国际佛教学界也对最早期的汉译佛经

1 指拙著《六朝佛教史研究论集》，新北：博扬文化，2020 年。

投以关注的目光[1]，但由于史料的稀缺和我个人学力的限制，很难在这一领域有所贡献，只好作为“南渡”的背景略做追溯。永嘉南渡以后，南北对峙的局面持续三百年之久。北方的佛教形成了不同于南方的发展脉络，深入研究且留待日后。

我从2010年起决定选择魏晋南北朝佛教史作为研究课题，迄今约有十年。起初想研究玄学，又想研究《文选》，玄学的兴起和文学的独立，二者相互关联，对中古以降的中国文化影响至为深远。这种新的文化所塑造的自尊独立的精神气质，所开拓的疏离于此世生活的心灵空间，始终对我有极大的吸引力。博士阶段放弃这两个研究领域是感到对象的边界太过模糊，学界的积累也比较薄弱，初学难于驾驭。选择佛教，恰是基于相反的理由。佛教有大藏经，有明确的僧俗界分，人群和文本都是清晰的。

每个研究六朝佛教的人，都听说过汤用彤的《汉魏两晋南北朝佛教史》这本名著。但我第一次阅读的体验糟糕之极，全书用和材料相似的文言语体撰写，考证又极为细密。我迷失在了细节和语词的丛林里。所以我决定暂时不看这本书，转而去读方立天先生的《魏晋南北朝佛教》，很快了解了这一时期教理学的基本线索，随后又读了许理和的《佛教征服中国》。许氏此

1　综合研究参见 Richard Salomon, *The Buddhist Literature of Ancient Gandhara: An Introduction with Selected Translations*, Somerville: Wisdom Publications Inc, 2018; Jan Nattier, *A Guide to the Earliest Chinese Buddhist Translations*, Tokyo: The International Research Institute for Advanced Buddhology at Soka University, 2008。

书是在汤先生研究的基础上写成，但却有独特的视角，例如他指出的佛教对社会阶层流动的意义，佛教与印度、中亚世界的联系、佛道终末论等议题，和我在英语系学习所熟悉的问题意识非常贴合。

我最初的兴趣点是政治史的，政教关系。从许理和的论述中，我发现一个有趣的现象，在东晋中期朝臣争论沙门礼敬王者之时，建康的僧人纷纷退回会稽。局势缓和之时，又纷纷返回建康。这和陈寅恪、田余庆等魏晋南北朝史大家所描述的东晋侨人家族的出处进退如出一辙。我想搜集史料，从政治史的背景为这个现象做一解释。但当我逐渐深入，就意识到史料集中在东晋末年桓玄和慧远的辩论，辩论中所展示出的问题的复杂性，远远超出了僧俗政治角力的解释框架。偶然地，我在网上下载到哲学系李猛老师讲解柏拉图《会饮篇》的录音。李老师的讲解首先厘清在场诸人对爱（eros）的不同理解，然后分析了辩论发生的历史情境。柏拉图的文本不是简单的哲学陈述，而是戏剧。剧中人物的思想交锋，和戏剧发生的情境，二者是相互扭结着的。

李猛老师的这种分析方式，启发我以类似的方法理解《弘明集》中的论辩，形成了本书第三编的诸篇论文。我逐渐领悟到，历史的某个时刻，形成特定的思想，在佛教的语境里，往往受到新经典译出的刺激。也就是说，佛教是承载于特定文本的，随着文本的移动、扩散而变化。核查论辩的典据，像同位素检测那样追踪经典接受的历程，就可以把思想史的内外连接起来。这种认识在我2012年到京都访学，读到船山徹老师的《佛典汉译史要略》和《六朝时期菩萨戒的受容过程》两文[1]之后，变得益发自觉。本书第一编的诸篇论文，大体是在这一思路下撰写的。

六朝时期的辩论，有其鲜明的时代特色。不仅佛教在变，本土的传统（儒学）也在变。本科时代起师从杨立华老师，博士导师陈苏镇老师精研《春秋》，本系的乔秀岩老师尤其强调义疏学是南北朝学术风气的产物。耳濡目染，使我获得了对六朝儒学的一些基本判断，首先六朝绝不是儒学中衰的时期，玄佛之学，是儒学某些价值的扩展和补充；其次，儒佛交诤，焦点不在形而上的教义思辨，而在于实践，是世俗礼仪与僧团戒律之争。[2]即使相对抽象的讨论，也有明显的实践指向。我曾经选取的个案，礼敬、踞坐、素食（未收入本书），莫不如此，未来还打算重谈神灭论，也采取同样的视角。

以上诸篇都采取思想史的路径，在学界没有什么反响。一方面由于我理论分析和文章驾驭能力都很有限，一方面也是话

1 船山徹《六朝時代における菩薩戒の受容過程—劉宋・南斉期を中心に—》，《東方学報》67（1995），第1—135页。《仏典漢訳史要略》，《新アジア仏教史06中国I南北朝-仏教の東伝と受容》，東京：佼成出版社，2010年，第233—277页。

2 关于中古时期的三教关系，目前论述最有启发的是吉川忠夫《六朝士大夫的精神生活》，原为《六朝精神史研究》序言，中译本参见刘俊文编《日本学者研究中国史论著选译・思想宗教》，北京：中华书局，1993年，第84—115页；同氏《仏は心に在り—「白黒論」から姚崇の「遺令」まで—》，福永光司编《中国中世の宗教と文化》，京都：京都大學人文科學研究所，1982年，第47—102页。陈弱水对此也多有阐发，参见《唐代文士与中国思想的转型（增订本）》，台北：台大出版中心，2016年。

题显得比较陈旧，学界业已积累了大量同题论文，很难有人耐心阅读我的新探。不过我珍惜研读《弘明集》所获得的认识，至今不变。

2013 年，提交博士论文以后，我从思想史转向了易于征实的文献学，关注点仍从之前的研究中生发。前面提到，礼敬问题是我思考六朝佛教史的起点，2011 年提交博士中期考核的论文，也是我的第一篇佛教史论文，是《晋宋之际的王权与僧权》。许理和的《佛教征服中国》，论述止于慧远。塚本善隆的《中国佛教通史》第一卷亦以晋末为断。这个选择不是偶然的。沙门不敬王者的讨论在这个时刻爆发，意味着僧人作为一个群体突显在了世俗礼仪面前，皇帝要在佛教信仰系统中找到自己的位置。也就是说，僧俗关系经历过几次变迁。僧人起初局限于侨民群体，两晋之际渐渐接近士人。名士先是以方外任诞之风来理解僧人出家生活对礼法的悖离，僧人与士人之间，是朋友关系。之后，士人意识到僧人出家是遵守另一套行为规范的群体生活，僧俗之间，要建立一种类似师生的关系，戒律和礼法发生了正面冲突。我在文章中考证的论难发生的“八日”之所指，论难发生前桓玄与慧远的关系，沙汰沙门的前奏举措，都是末节，僧人形象的变迁，僧俗关系的调整，才是更为本质的变化。为了论述这种印象，我一改再改，一拖就是五年，始终感到力不从心！后来终于明白，我们对历史的感觉像是眼前看到的风景，学术的语言则是一幅风景画，构成风景画的，是一些不规则的笔道和色块。课虚无以责有，叩寂寞以求音——

我们需要用有形的、机械的东西支撑感觉。

围绕这种感觉，我在博士论文开头讨论了佛教接触士人的早期历程，仍嫌芜杂，最终提炼出材料比较集中，线索比较清晰的《般若经》作为个案，写成《般若经早期传播史实辨证》。慧远的庐山教团，具有高度的组织性，这一方式继承自道安。对道安教团的南下路线和建寺历程做细描，由此拓展，写成《六朝前期荆襄地域的佛教》。

变化不仅体现在外部的组织形态，也发生在内部的知识形态。陆扬老师在讨论鸠摩罗什传时指出，寺院主义生活与经院主义学术二者相互表里。[1]要有相应的知识和仪式，支撑一种生活。于是我尝试用文献学的方法呈现僧人知识管理的方式，具体而言，就是文本的编撰和注释。本书第二编前三篇文章，都体现了这种关切。“合本子注”的问题，陈寅恪提出以后，受到普遍关注。我观察到所谓“合本”，有对勘和拼缀两型，前者是并列诸本，后者是首尾相接，分别有不同的产生背景。前者的重点是解读《出三藏记集》中的几篇经序，后者则需要调查不同版本大藏经中合本的缀接方法。博士论文的一节只是草稿，2014 年到台湾的法鼓佛教学院访学，利用图书馆丰富的大藏经资源，大改了一次。在复旦大学的佛教写本工作坊发表过。当时缺乏对大藏经的系统认识，对利用音义书复原藏经的方法亦不甚了然，后来仅仅发表了文章的前半，加了论“子注”一段，

1　陆扬《解读鸠摩罗什传：兼谈中古早期的佛教文化与史学》,《中国学术》第 23 辑，北京：商务印书馆，2005 年，第 30—90 页，特别是第 35—37 页。

收入本书。

延续船山老师对佛典编撰现象的关心[1]，我也关注齐梁时期繁荣的聚书和编纂活动。博士论文有一节考证定林寺经藏，其实是对《南朝佛寺志》的条目加以考订、扩充，最终形成《定林上寺经藏考》。2014 年，我在陈金华老师组织的暑期研修班结识了复旦大学李猛博士。李猛先后师承曹旭、陈尚君两位中古文史大家，以考订南朝、初唐文献见长。内外史料交互为用，考异系年辨入毫芒，令我畏服。李猛考订《萧子良法集录》[2]，以萧子良为枢轴，带起南齐一代之史。受其感召，2018 年夏天，我也发意裒集史料，全面考订宝唱著作，通过《历代三宝纪》和《大周录》佚文，复原《宝唱录》的体例，写成《宝唱著作杂考》。

也是在 2014 年，我去西安参加一个佛教石刻主题的会议，读到魏斌老师的《南朝佛教与乌伤地方》[3]，当时的震撼和感动至今记忆犹新。原来我所关注的建康宫廷、王府，大寺院里的知识精英，政治上的那些派系、制度，都只是历史的一个侧面。

1　船山徹《六朝仏典の翻訳と編輯に見る中国化の問題》,《東方学報》80（2007），第1—18 页。中译本参见《从六朝佛典的汉译与编辑看佛教中国化问题》，方立天、末木文美士编《东亚佛教研究（2）》，北京：宗教文化出版社，2014 年，第 81—97 页。

2　李猛《僧祐〈齐太宰竟陵文宣王法集录〉考论》,《国学研究》第四十一卷，北京：北京大学出版社，2019 年，第 109—150 页。

3　魏斌《南朝佛教与乌伤地方——从四通梁陈碑刻谈起》,《文史》2015 年第 3 辑，北京：中华书局，第 79—116 页。后收入氏著《“山中”的六朝史》，北京：三联书店，2019 年，第 213—273 页。

在南方腹地的山坳里，闭塞的金衢盆地，还有这样一群人，那样浓烈而卑微地生活着。他研究中所呈现的好像我硕士时代读过的华兹华斯诗里的老乞丐，又像侯孝贤长镜头中的台湾，诉说着“永恒的人间悲曲”（the still, sad music of humanity）。2015年底，我工作的社科院历史所派我到敦煌挂职。整个2016年，我都在敦煌七里镇做乡镇干部，切身地从首都走到了地方。远离学术圈和朋友圈，晚上在我的办公室兼宿舍，就在想，是不是要在文献的考订和思想的研讨之外，对历史上的人倾注某种同情？如何使研究具有灵魂？大概在那一年入冬的时候，孙齐发来了《六朝荆襄道上的道教》[1]，初读即可感受到魏老师的影响，史料运用娴熟，布局谋篇颇考究，关注历史大势中具体的人，又似乎有某种寄托。

对我来说，这两篇文章都是神品，相当程度改变了我对学术人生的看法。但坦率地说，他们的精神魅力也对我形成了不小的困扰，或者叫“影响的焦虑”吧。我开始尝试祛魅。首先是回到文献。一位前辈坦言，历史学始终是个靠天吃饭的学问，巧妇难为无米之炊。情怀再动人，没有材料支撑，没有对文献的细腻解读，不过是一句叫嚣而已。魏老师笔下傅大士的激烈与无奈，离不开四卷《善慧大士录》，孙齐兄描述的荆襄道上的道馆伽蓝，离不开类书、道藏里辑佚的材料。如果我也想讲个

1　孙齐《六朝荆襄道上的道教》，《隋唐辽宋金元史论丛》第八辑，上海：上海古籍出版社，2018年，第117—141页。经与作者本人共同回忆，初稿完成于2016年底，次年9月23日在上海师范大学第一届中古宗教史青年工作坊上首次发表。

动人的故事，材料在哪儿呢？

2015年，我写了《干戈之际的真谛三藏》。真谛在梁陈易代的地方割据间辗转漂泊，令人唏嘘。要呈现这个故事，有赖于对真谛弟子所传原始文献、《历代三宝纪》、《续高僧传》层次结构的分析，有赖于圣语藏本《金光明经》僧隐序的发现，也有赖于《资治通鉴》梁陈段远超正史的系年资料之整理。同理，2018年写作《六朝前期荆襄地域的佛教》，是利用了道宣《律相感通传》的材料和《目连问戒律中五百轻重事》，才使叙事更觉丰满。

史料匮乏是中古史的根本困境，突围的路只有两个方向，一是向外尽力搜讨各类新材料，二是向内做严格的史料批判，对文本形成的机理和层次有更多的自省。受后现代史学思潮的影响，有研究者提出非常激烈的主张，几乎否定了探求历史真实的可能性。这类研究范式在佛教史特别是早期禅宗史研究中其实早有先例[1]，将类似的方法引入六朝佛教史，也有一些尝试。这给我带来不小的刺激和不安。因此近年来我对六朝佛教史料做了一些专门的整理，既包括出土的石刻如僧尼墓志、造像记，也包括辑佚文本如志怪小说、《世说新语》、十六国霸史中的佛教材料，也零散写了一些考证文章，大体是本书第二编的诸篇，比如2016年完成的《谢灵运庐山法师碑的杜撰与浮现》，2017年完成的《六朝的转经与梵呗》，在写作过程中重新审视了以前

1 参见龚隽、陈继东《中国禅学研究入门》，上海：复旦大学出版社，2009年。

比较熟悉的“高僧传”类文体的形成机理，也考虑过后代禅、净土等宗门文献对六朝佛教史事的改窜。2017 年 4 月，我在北大文研院做了“《高僧传》的文本史”报告，系统地讲述了我对六朝佛教史料学的整体看法。我认为，六朝佛教史书的编撰，经历了几个阶段。东晋中后期，主要是和传主交好的文人写作碑志、行状，刘宋时期代表性的体裁是类传和感应故事的纂集，齐梁之际，出现了分科记述的高僧传。史体的变化，反映了史书作者和记载对象关系的变化，前后形成一个连续的积累过程。

近年以来，史学界似乎形成了一种认识，认为传世的文献，特别是卷帙浩繁、思想复杂的文献，就是精英阶层知识权力的产物，附着了他们的偏见，充满了粉饰和欺骗，是认识历史的障碍，为了对抗权力，就要把目光投向散佚的、出土的、未经整理编排的史料，希望以此构建一个新的历史叙事。关注下层、边缘，发掘藏外材料，成了一种政治正确。这种二元对立的划分，在我看来才是充满偏见，它幻想了一个毫无思想辐射力的精英，和一个思想独立自足的大众。我甚至怀疑，如此主张某种程度上是在试图解除研究者阅读复杂文本的义务。在我处理过的案例中，我感觉传世本和出土本，关系是柔和的，互动是复杂的。历史上的精英与大众，中心与边缘，亦然。思想留下作品，事迹留下传记，经历漫长的时间，传到我们手里，有其内在的理由。将经典文本的形成全部归因于历史的偶然、后代的建构，是我不能接受的。

这当然已是世界观层面的探讨，我和几位师友屡次激辩，很难求得一致。但重要的是我们按照各自的认识，在同一学术规范之下开展扎实的工作，贡献出精彩的研究。于是我开始回归基本的书目，把研究的重心转到研读道宣的作品上。这位7世纪的思想家和佛教史家，不仅在庙堂之上深度参与了唐初最高层的护教论争，在乡野之间，他又广泛地记录了南北朝后期到隋唐重要宗派形成时期多姿多彩的生存样态。他的上百卷作品，可以说是中古前半期佛教史的全景展现。经池丽梅老师和易丹韵博士建议，2015年迄今，我比较仔细地阅读了《续高僧传》、《集神州三宝感通录》、《集古今佛道论衡》，以及《广弘明集》和《行事钞》的部分篇章。在此期间，李猛完成了博士论文，讨论初唐武德—贞观年间的佛教政策和佛道斗争，王磊先后写作三篇论文，考索唐代两京、江南地区的东塔、相部律宗。[1]我讨论慧光墓志[2]、真谛行历、智藏同梁武帝论难、宝唱的撰述，无疑都是阅读《续高僧传》的副产品。比起同辈的研究，这几篇文章还显得比较幼稚，不够精彩。但我坚信道宣的作品是一个富矿，可以拓展的空间还很宽阔。

《续高僧传》前后读了半年，有一个困惑始终挥之不去。除了用寺院志的方法整理僧人的住锡地和宗门谱系，用方镇年表

1　李猛《抑佛与护法：唐初抑佛政策演变与僧团回应》，复旦大学博士论文，2017年；王磊《中唐以前两京地区的东塔宗——兼及〈宋高僧传〉之编撰》，《汉语佛学评论》第五辑，上海：上海古籍出版社，2017年，第156—195页。

2　拙文《从〈慧光墓志〉论北朝戒律学》，李四龙主编《人文宗教研究》第八辑，北京：宗教文化出版社，2016年，第80—104页。

的方法整理僧人与政治有力者的关系，佛教史研究还能说出些什么呢？这种痛苦在写作《干戈之际的真谛三藏》时达于顶点，我一点都不懂真谛的思想，传记材料又如此有限。类似的考证可以持续地写，六朝完了写唐代，唐代完了写宋元，但自己都会感到乏味吧？

于是下定决心从史传性作品进入比较“硬核”的佛学。其实在2014年，研究“合本子注”的时候，我就痛感解读能力不足，跑到曹凌在通州的宿舍请教过一次。他劝我读《俱舍论》。这本是佛学入门的通说，平川彰也是这样告诫初学。2015年博士后出站之前，我和杨浩师兄等几位学友组织了《俱舍论》读书会，参照法译本读过《界品》和《根品》。此后买来新国译本《成实论》研读。至于《法华》、《涅槃》，从初学就喜欢其文字优美，反复翻阅。2018年，夏德美老师组织了《法华经》读书会，每周几位分任主讲，解读注疏。2019年，李薇老师在北大哲学系开设律藏选读，带我们精读了诸部广律第一波罗夷和受戒犍度。在此期间，经由胡晓丹博士，我和陈瑞翾、李灿等几位研究早期大乘佛教的青年学者结识，先后做过《大般涅槃经》和《法灭尽经》读书会，又时常在网上讨论。在各位师友督责之下，我亦步亦趋地修习佛学，庶几可以免于面墙。我承认大部分时间里，我并不享受，因为我并不是佛教徒，不希求在佛教的义理中寻求解脱尘世的出路，只在文化的意义上知道有必要努力理解。少数几个时刻，当我能感知义理的实践指向，找到了精致复杂的名相和那些朴素的宗教情感的接合点，实在是法喜充满，得未曾有。

以这种比较综合的视角开展佛教研究，我选定了末法与孝道两个主题，前者关注宗教对民众历史意识和时间感的塑造，后者则关注家庭伦理和两性身体观的一些话题。讨论的范围已不限于六朝断代，甚至越出了传统历史学研究的范围。

回顾本书所收录的诸篇论文，总体来说都是不太满意的。有从博士论文大幅修改发表出来的章节，也有新撰的篇章，带有各个时段思想认识的印记，水平参差不齐。收入本书时，除了注释格式和行文表述的修改以外，根据最新读到的研究和读者反馈做了订正。需要说明的是，博士毕业前发表的第一篇学术论文《梁武帝与僧团素食改革》，近年积累了更多材料，获得了全新的认识，迫于交稿时限，实难草率成文，只好割爱。

六朝佛教史本来是学界深耕熟耘的领域，大师辈出。每个问题上先行研究的积累是不均匀的，我作为初学，能有所推进的点因而也是不均匀的。本书没有形成体大思精的著作，而仅仅是论文的汇集，维持一个相对发散的结构，这对我来说却并不遗憾。颇感遗憾的是由于学术评价体制的压力，不得不在今年仓促结集，六朝佛教史的若干问题本来积累了一些想法，未能深入探讨，或者未及成文。比如，本书虽称六朝，对开头的孙吴佛教、东晋，以及末尾的陈朝着墨较少。孙吴佛教的受众群体、信仰形态都迥异于后汉洛阳僧团，而东晋佛教受北方十六国佛教影响，僧俗关系经历变迁，上文已经提及，尚待呈现。南陈一代，与北方周、齐成鼎峙之局。魏斌老师讨论过的江南腹地傅大士教团，三国夹缝中的后梁荆襄佛教，由南入北的巴蜀佛教，犹有待发之覆。就算是学界研究较多的《弘明集》中几场大辩论，《广弘明集》中梁武帝的若干法会记录，《大般涅槃经集解》和新出杏雨书屋羽271《杂义记》也值得一读再读。未来如有机会重版，我会把相关内容扩充进去。

本书能够出版，感谢刘屹老师帮忙引荐，王见川教授慨允纳入书系。两位老师与我并无深交，却对我勉励有加。感谢在我求学的每个阶段教诲我的老师，为了避免名单过长，仅举五位：杨立华老师、周小仪老师、高峰枫老师、陈苏镇老师、船山徹老师。他们有不同的人生观和治学态度，如朗星丽天，我并不跟随他们，而是参照他们走我地上的路。最后，感谢我的父母，他们不理解我研究的意义，却默默包容我七转八弯的学术经历和并不成功的人生业绩。过去这十年，应该是他们最困难的十年，也是衰老最迅速的十年。我对他们充满了愧疚。希望未来十年，我能为他们带来更多的欢乐。这本小书，算是对我十年蹉跎所做的一个交待。

2019年11月25日

于钱塘江畔月轮山

初出一览

01 民族视角与日本意识

评：川本芳昭《中华的崩溃与扩大：魏晋南北朝》,《南方都市报》2014 年 3 月 9 日。

02 佛典汉译史的通论性专著

评：船山徹《仏典はどう漢訳されたのか》，李四龙主编《人文宗教研究》第 5 辑，北京：宗教文化出版社，2015 年，第 193 页。

03 中心与边缘：历史学视域中的东亚佛教

评：陈金华《佛教与中外交流》，孙英刚主编《佛教史研究》创刊号，台北：新文丰出版公司，2018 年，第 419—442 页。

04 不透明的能指：圣徒传书写中的印度祖师形象

评：Stuart H. Young, *Conceiving the Indian Buddhist Patriarchs in China*,《亚非研究》第 12 辑（2017），第 271—282 页。

05 唐代中层文士的三教观

评：藤井淳等《最澄・空海将来『三教不斉論』の研究》,《唐研究》第25卷，北京：北京大学出版社，2020年，第683—693页。

06《印度佛教史》校译琐记

平川彰著，庄昆木译《印度佛教史》，北京：北京联合出版公司，2018年，第494—499页。出版社收入网帖版，本书收入改定后的文字。

07《续高僧传》点校本指瑕

《〈续高僧传〉点校本指瑕》,《隋唐辽宋金元史论丛》第九辑，上海：上海古籍出版社，2019年，第157—172页。

08 宗教文献研究方法谈

《宗教文献研究方法谈》,《文献》2019年第3期，第177—179页。

09 六朝佛教基本史料参考目录

分别发表于"痴华鬘"微信公众号。

10 考研日忆往

《考研日随感》,"痴华鬘"微信公众号。

11 我与东亚佛教研修班的学缘

《我与东亚佛教研修班的学缘》，五台山佛教与东亚宗教研修班十周年纪念征文，2018 年。

12 却顾所来径：学习研究六朝佛教史的心路历程

陈志远《六朝佛教史研究论集》，新北：博扬文化，2020 年，第 1—12 页。

附注：本书引用佛教文献，使用中华电子佛典协会（CBETA）制作的电子文档，T 代表高楠顺次郎、渡边海旭等编《大正新修大藏经》，东京：大藏出版株式会社，1988 年；X 代表河村孝照编集《卍新纂大日本续藏经》，东京：株式会社国书刊行会，1975—1989 年 。引文使用 CBETA 系统生成的分节标记，如 T52，no. 2102，p. 77，c19-20，代表《大正藏》第 52 册，经号 2102，第 77 页下栏左起第 19-20 列。X77，no. 1523，p. 360，a11，代表《卍续藏》第 77 册，经号 1523，第 360 页上栏左起第 11 列。

图书在版编目（CIP）数据

慢读漫笔 / 陈志远著. -- 上海 : 上海文艺出版社,2020(2020.9重印)
(六合丛书)
ISBN 978-7-5321-7548-2
Ⅰ.①慢… Ⅱ.①陈… Ⅲ.①随笔－作品集－中国－当代
Ⅳ.①I267.1
中国版本图书馆CIP数据核字 (2020)第036665号

发 行 人：陈　徵
责任编辑：肖海鸥
封面设计：常　亭

书　　名：慢读漫笔
作　　者：陈志远
出　　版：上海世纪出版集团　上海文艺出版社
地　　址：上海绍兴路7号　200020
发　　行：上海文艺出版社发行中心发行
上海市绍兴路50号　200020　www.ewen.co
印　　刷：苏州市越洋印刷有限公司印刷
开　　本：880×1230　1/32
印　　张：6.375
插　　页：2
字　　数：126,000
印　　次：2020年4月第1版　2020年9月第2次印刷
I S B N：978-7-5321-7548-2/G.0276
定　　价：42.00元
告 读 者：如发现本书有质量问题请与印刷厂质量科联系　T:0512-68180628